日本史史料研究会ブックス

# 戦国時代と一向一揆



日本史史料研究会＝［監修］
*Nihonshi shiryo kenkyukai*

竹間芳明＝［著］
*Takema Houmin*

文学通信

# 戦国時代と一向一揆　＊目次

はじめに……6

第一章　蓮如《れんにょ》の時代――戦国時代の幕開け

一、本願寺破却と金森《かねがもり》一揆……17　二、堅田大責《かただおおぜめ》……22
三、文明一揆……25　四、越中砺波郡《となみぐん》一向一揆……29
五、飛騨白川郷一揆……31　六、長享《ちょうきょう》一揆（加賀一向一揆）……34
七、明応《めいおう》の政変……41　八、第一章のまとめ……45

第二章　実如《じつにょ》の時代――宗主による戦闘指令の始まり

一、大坂一乱《おおさかいちらん》……51　二、永正一揆――北陸の動乱と一向一揆……59
三、永正の錯乱《さくらん》――細川政元暗殺とその後の権力闘争……66
四、大永《だいえい》一揆……76　五、第二章のまとめ……86

第三章　証如《しょうにょ》の時代――本願寺教団の内紛・本願寺焼亡

一、享禄《きょうろく》の錯乱《さくらん》――本願寺教団の最大の内紛勃発す……91

二、天文《てんぶん》一揆――本願寺焼失への道……100

三、一揆の余燼と下間頼秀・頼盛兄弟の粛清……119

四、加賀の統制と金沢御堂《かなざわみどう》建立……124　五、美濃の争乱と一揆……139

六、寺内町《じないまち》特権……146　七、第三章のまとめ……149

第四章　顕如《けんにょ》の時代――戦国末期の争乱と大坂退去

一、朝倉氏との攻防と和睦……155　二、三河一向一揆……161

三、上杉謙信との戦い……166　四、石山合戦《いしやまかっせん》（対織田戦）……176

五、第四章のまとめ……246

おわりに……255　年表……260　あとがき……265

# はじめに

高校の日本史の教科書では、一向一揆は、概ね浄土真宗本願寺派の門徒集団による一揆（揆《き》を一にする結合・組織、同志的な集団）と説明されている。そのうえで、加賀《かが》の一向一揆に加え、石山《いしやま》合戦・長島《ながしま》一向一揆・越前《えちぜん》一向一揆についても記述がなされている。多くの高校で採用されている山川出版社『詳説日本史B』では、石山合戦（戦争）については、本文ではなく註で簡単な説明がなされている。しかも、長島一向一揆・越前一向一揆に関しては、織田信長の統一事業の項目の説明文に、その名称が書かれているだけで、具体的な内容を知ることはできない。また、水藤真《すいとうまこと》氏が言及されるように、有名な加賀の一向一揆も、その実態は案外分かっていないのである（水藤：二〇〇六）。

一口に一向一揆と言っても、これを一括りにまとめることは困難である。一事例としては、隣接する北陸の加賀《かが》・越前《えちぜん》・越中《えっちゅう》でも、本願寺の門末《もんまつ》（末寺・坊主・門徒）や一向一揆の様相が異なっている。地域性の問題に加えて、時代による性格の変化・転換も指摘されている。

つまり、一向一揆は地域と時代により、闘争形式には、バラエティーがあったといえる（重松：一九八五）。そのうえ、同じ地域でも本願寺宗主《しゅうし》（親鸞の法脈《ほうみゃく》・血脈《けちみゃく》・血統を受け継ぐ本願寺住持《じゅうじ》、住職）の蜂起指令に応じなかった門末がいたことや、一向一揆構成員の中に非門徒《ひもんと》（本願寺の門徒ではない者）が含まれていたことが判明している。

　そこで、本書では、現時点で明らかにされている一向一揆の多様性について、各時代の社会・地域の状況、政治過程に沿いながら、可能な限り提示していきたいと思う。そのため、さしあたり、一向一揆を、教科書的理解に従って、本願寺門徒を中心に構成された一揆と定義することにしたい。しかしながら、当時の門徒が、近世寺檀制度《じだんせいど》（寺院が檀家《だんか》の葬祭・供養を独占的にとり行うことにより、檀家と結ばれた関係、または、一般民衆を一家で一つの檀那寺《だんなでら》に固定して所属させ、葬儀・法要を受けさせる制度）確立以降の宗派の概念による門徒ではないことに注意せねばならない。つまり、多様な信仰が併存する兼帯諸宗派の中の一つとして、真宗本願寺派を受容した門徒であったことを、念頭に置いている点を理解してもらいたい（金龍：一九八九、武内：二〇〇五、神田：二〇〇七）。

　これに関連し、宗教社会史的に見て典型的農民門徒は果たして戦国時代から現在までに幾人存在したであろうかという、井上鋭夫《いのうえとしお》氏の素朴な疑問が注目される（井上：一九六八）。また、谷下一夢《たにしたいちむ》氏や神田千里《かんだちさと》氏は、一向一揆の本質が土一揆《つちいっき》（年貢減免や徳政《とくせい》（債権・債務の破棄）

を要求した惣《そう》（自治的村落共同体）を基盤とする住民の武装蜂起）であるとする見解を示している。特に、神田氏は、一向一揆を本願寺門徒たちが結成した一揆であり、宗教や信仰が深く関わっているとしたうえで、信仰の内実を本願寺本山への忠義という点にのみ求めることに対して、警鐘を鳴らしている（谷下：一九七七、神田：二〇〇七）。

本文で具体的に紹介するが、三氏の指摘・見解のように、各地域の一向一揆が、真宗本願寺派に収斂・特化していないだけではなく、その動向が宗教的な動機に基づくとは限らない事例が、多々確認されているのである。これまで、中世特有の「心意《しんい》の世界」（精神世界特に、宗教的世界観や仏神に対する崇敬の念）について、人心を収攬《しゅうらん》させるために信仰対象や宗教儀礼を護持する必要があったなど、支配・統治の側面から鋭い分析が行われているが、被支配者側の本音（仏神＝真宗では阿弥陀仏を都合よく利用する）についての考察も必要であろう（藤木：一九八七、中野：一九八八、峰岸：一九八九、木越：二〇〇〇）。

このことは、一向一揆に関しても同様であり、一揆の中心が本願寺の門徒だとしても、彼らの行動の源泉が、何であったのか追究していく必要がある。一向一揆は、戦国時代の幕開けに活躍した八代宗主蓮如《れんにょ》の時代に始まり、戦国末期に織田信長と死闘を繰り広げた十一代宗主顕如《けんにょ》の時代に終結する。まさに、戦国時代と一向一揆の時代は、ほぼ重なっているのだが、この間の宗主（蓮如・実如《じつにょ》・証如《しょうにょ》・顕如）の立場や彼らを取り巻く社会情勢は大きく変遷しており、それは一向一揆にも影響を及ぼしている。そのため、各宗主の時代に即した一向一揆について、その特徴を提示しなければならないと考える。

以上を踏まえて、本書では、蓮如から顕如に至る四代にわたる時代を第一章から第四章に分けて、それぞれの時代の一向一揆について、政治状況を中心に地域性を考慮しつつ記述を試みたい。なお、最初に関係系図を用意したので、適宜、参照していただきたい。

## 参考文献

井上鋭夫『一向一揆の研究』序章（吉川弘文館、一九六八年）
神田千里「一向一揆と土一揆」（『戦国史研究』四八、二〇〇四年）、『戦争の日本史14 一向一揆と石山合戦』（吉川弘文館、二〇〇七年）
木越隆三『織豊期検地と石高の研究』（桂書房、二〇〇〇年）
金龍静「禁止・抑制下の戦国期一向衆」（平松令三先生古稀記念会編『日本の宗教と文化』同朋舎、一九八九年）
重松明久「越前一向一揆について」（北西弘先生還暦記念会編『中世社会と一向一揆』吉川弘文館、一九八五年）
水藤真「『天文日記（證如上人日記）』と加賀」（『加能史料会報』一七、二〇〇六年、加能史料編纂委員会編『加賀・能登　歴史の扉』、石川史書刊行会、二〇〇七年に所収）

武内善信「雑賀一揆と雑賀一向一揆」（大阪真宗史研究会編『真宗教団の構造と地域社会』清文堂出版社、二〇〇五年）
谷下一夢『増補真宗史の諸研究』（同朋舎、一九七七年）
中野豈任『祝儀・吉書・呪符―中世村落の祈りと呪術―』（吉川弘文館、一九八八年）
藤木久志『戦国の作法―村の紛争解決―』（平凡社、一九八七年）
峰岸純夫「戦国時代の制札」（峰岸純夫編『古文書の語る日本史5戦国・織豊』筑摩書房、一九八九年）

【本願寺宗主一族系図】
金龍静『蓮如』（吉川弘文館、一九九七年）をもとに作成、加筆

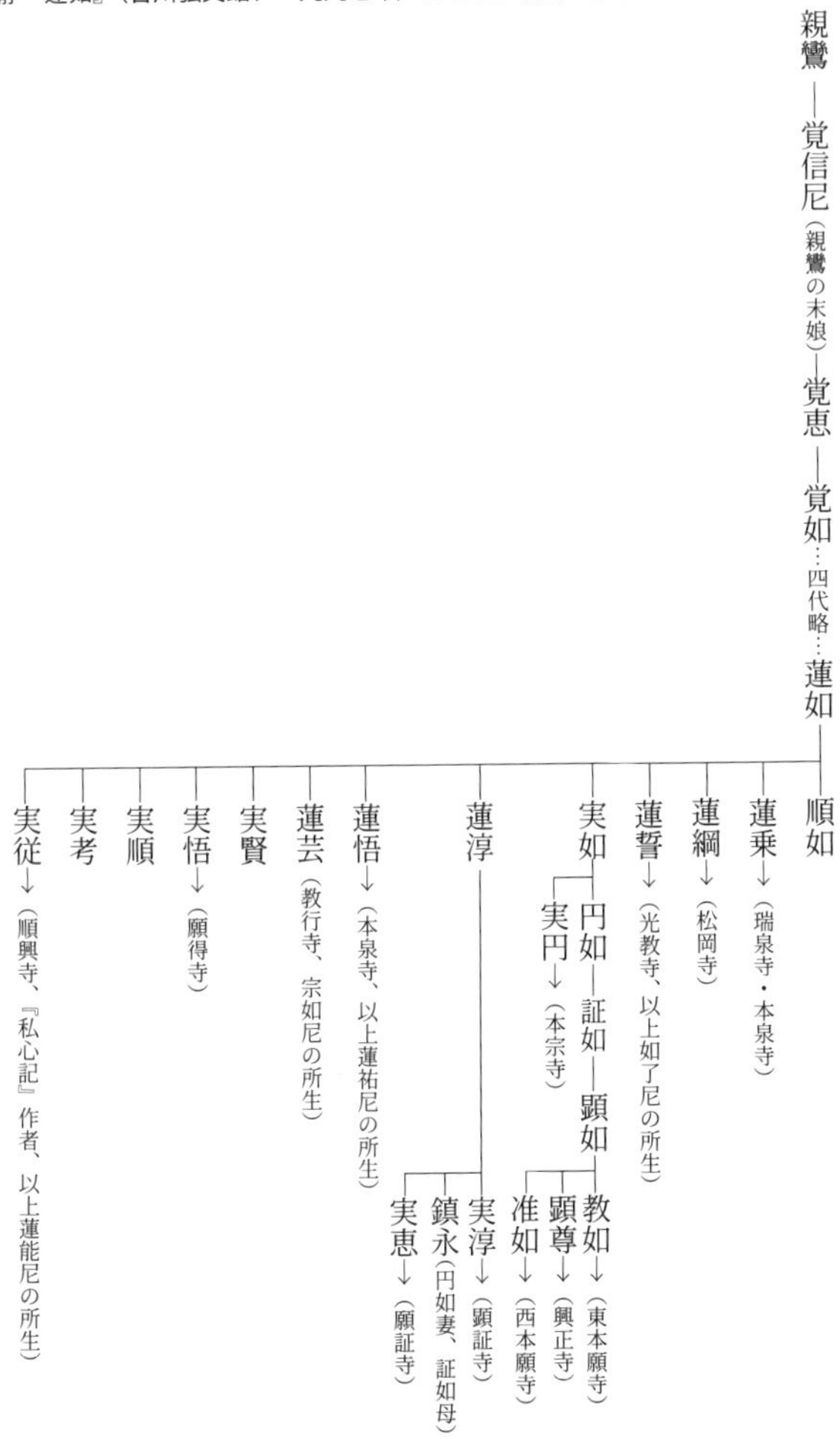

【富樫氏系図】
『金沢市史』通史編１原始・古代・中世
（金沢市、二〇〇四年）をもとに作成、加筆

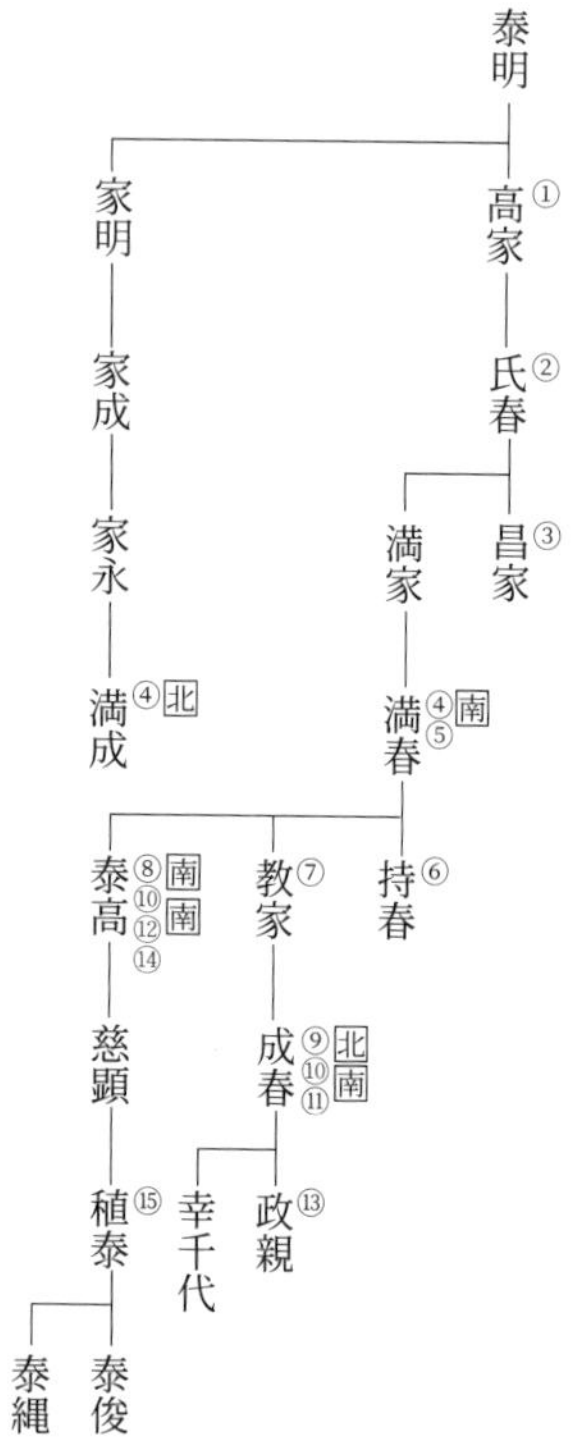


○は加賀国守護の順番
□は加賀半国（北・南）守護を示す

【上杉・長尾氏系図】
池享・矢田俊文編『増補改訂版 上杉氏年表』
（高志書院、二〇〇七年）をもとに作成、加筆

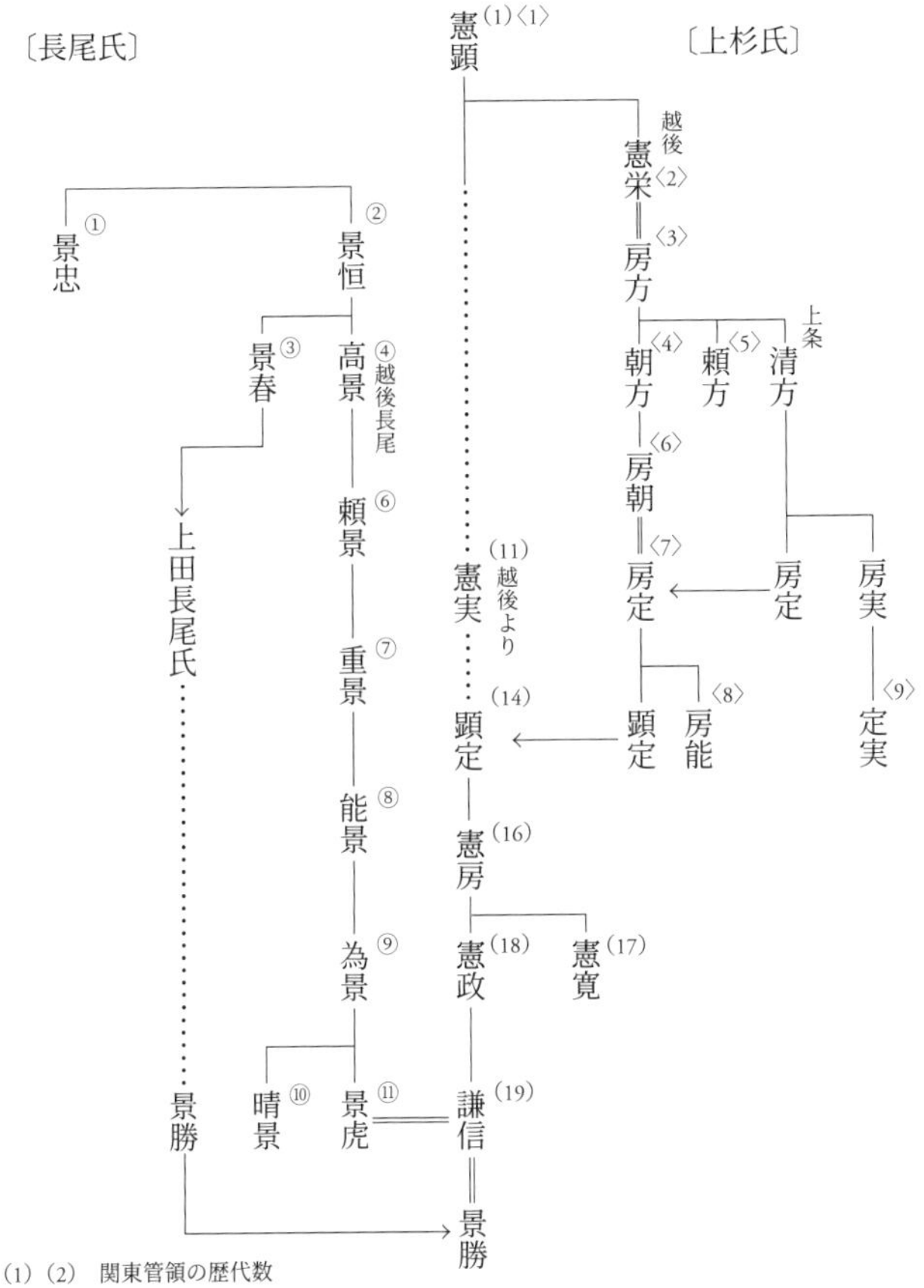


(1)(2)　関東管領の歴代数
〈1〉〈2〉　越後守護の歴代数
①　②　越後守護代の歴代数
○印は人名省略、欠数字は人名を省略

【足利氏略系図】
石田晴男「京・鎌倉府体制の崩壊」（峰岸純夫編『古文書の語る日本史５戦国・織豊』筑摩書房、一九八九年）をもとに作成、加筆

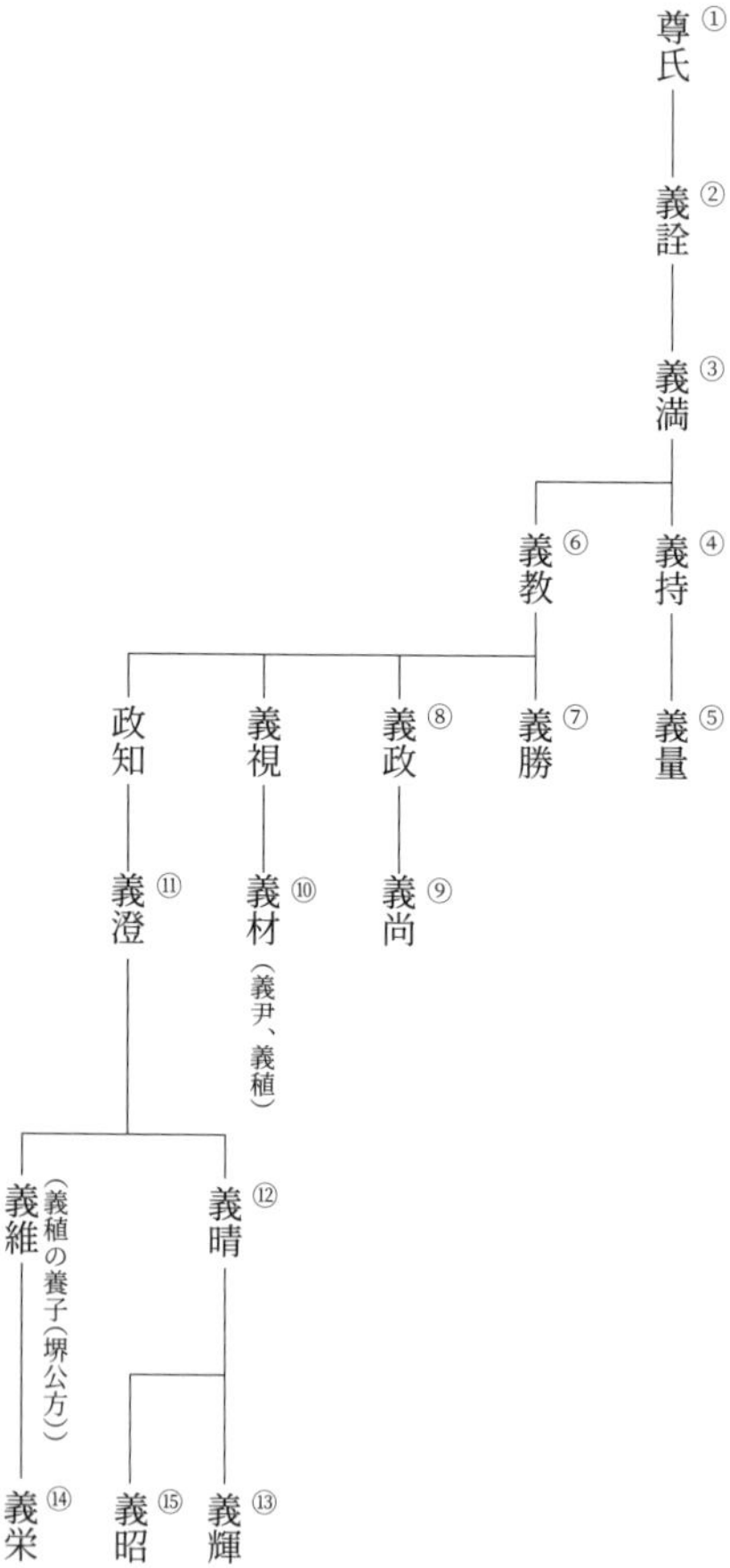

【畠山氏略系図】
石田晴男「京・鎌倉府体制の崩壊」（峰岸純夫編『古文書の語る日本史５戦国・織豊』筑摩書房、一九八九年）をもとに作成、加筆

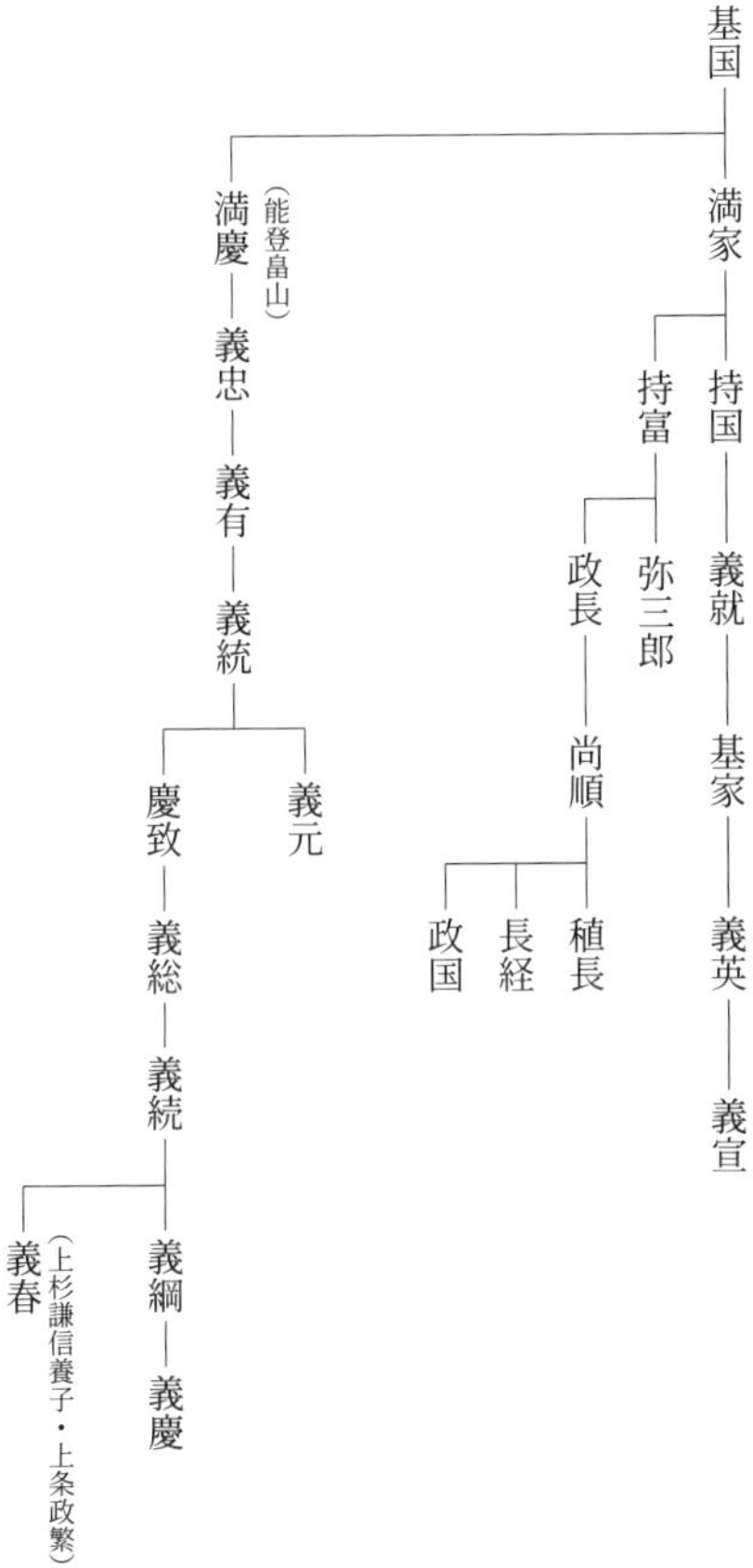

【細川氏略系図】（＝は養子縁組）
石田晴男「京・鎌倉府体制の崩壊」（峰岸純夫編『古文書の語る日本史５戦国・織豊』筑摩書房、一九八九年）をもとに作成、加筆

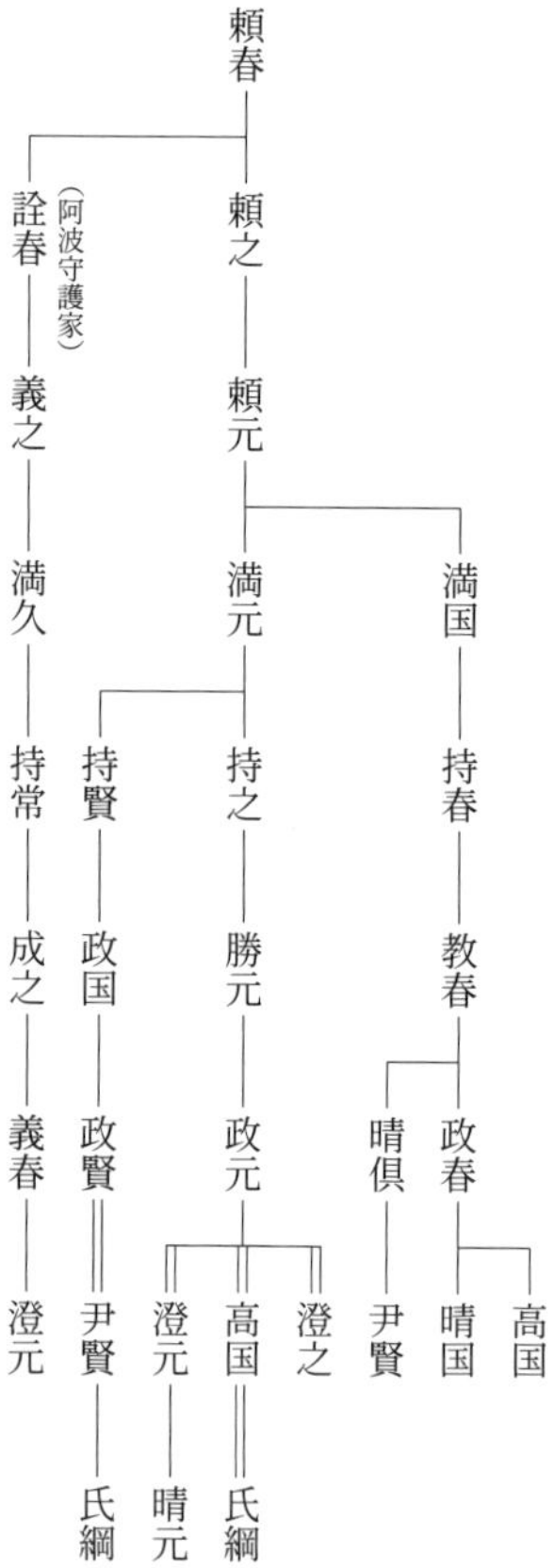

# 第一章　蓮如《れんにょ》の時代――戦国時代の幕開け

## 一、本願寺破却と金森《かねがもり》一揆

### 山門《さんもん》（延暦寺）による弾圧

康正《こうしょう》三年（一四五七）に本願寺八代宗主となった蓮如は、本願寺中興の祖として有名である。蓮如の精力的な教化《きょうげ》活動により本願寺の勢力は、近畿・東海・北陸地方に広まり、各地域で強大化していくことになる。一向一揆も、蓮如の時代に始まった。いわば一向一揆の草創期ともいえよう。しかし、この一揆が果たして宗教一揆としてとらえきれるか、各地域の事例を通じて実情を見ていきたい。

蓮如が最初に教化活動の拠点としたのは、近江《おうみ》と三河《みかわ》であった。そして、近江湖西《こせい》・湖南《こなん》（西部・南部）地域を中心に、教線を拡大させていくこととなる。

寛正《かんしょう》六年（一四六五）正月、山門（延暦寺）は、膝下の湖西・湖南における本願寺門徒の拡大を問題視し、京都の東山大谷《おおたに》の本願寺を襲撃した。この時、近江の野洲《やす》と栗本《くりもと》の門徒がわずか十余人で本願寺の警固をしていたが、油断の隙を突かれ襲撃を受け、蓮如は本願寺から至近距離にあった門跡《もんぜき》（天皇家・貴族の子弟が住持となる寺院、及びその住持）青蓮院《しょうれんいん》の院家《いんげ》（門跡の法務を補佐する寺院）の定法寺《じょうほうじ》に避難した。

その後、蓮如の元に近江堅田《かただ》の門徒二百人余りが駆けつけ、善後策を講じていたところ、山門側は礼銭《れいせん》（謝礼金）を要求してきた。蓮如は礼銭の支払いを承諾しなかったが、三河《みかわ》から急遽上洛した本願寺末寺の上宮寺如光《じょうぐうじにょこう》は、

> ただ私にまかせてください。山門も京都も礼銭を欲するのならば、費用は三河より取り寄せ、相手に足で踏ませるほど用意します。山門側が邪正を問題にしているのではなく、金銭に目をつけているのならば、扱いやすい案件です。私に任せてください。
> （『本福寺跡書《ほんふくじあとがき》』）

と金銭で解決することを主張した。結局この提案が通って、定法寺の仲介で本願寺が山門に三千疋《さんぜんびき》の礼銭を支払うことで、一旦は山門側は引き揚げることになる。ここで、上宮寺如

光が、事態の本質を宗教上の正邪の問題ではなく、あくまで礼銭要求であることを見抜いていたことは重要である。

## 史上最初の一向一揆

山門は翌月に近江門徒の弾圧のために発向《はっこう》（進発）し、三月には山門の指令で犬神人《いぬじにん》（山門配下の祇園社《ぎおんしゃ》の隷属民）が本願寺に来襲してこれを完全に破却（破壊）した。破却された坊舎は検断物《けんだんぶつ》（没収物）として犬神人に与えられ、蓮如は河内《かわち》・摂津《せっつ》方面に逃れ本願寺は退転《たいてん》（落ちぶれ退く）してしまう。その直後に山門は近江金森《かねがもり》・赤野井《あかのい》を襲撃している。

やがて、蓮如は金森の門徒衆に迎えられて、近江湖南の道場を転々とするが、山門の弾圧に対して、ついに湖南門徒は金森に立て籠もり、本格的な防戦を行うことになった。この戦いで、門徒側は攻め手の大将守山《もりやま》の日乗坊《にちじょうぼう》を討取ったものの敗退し、蓮如は親鸞木像を背負い赤野井に逃れている。これが史上最初の一向一揆といわれる金森一揆である。

金森一揆には、対岸の湖西の堅田《かただ》門徒も加わっていたが、山門の圧力が堅田に及んだことに乗じて、堅田の総鎮守《そうちんじゅ》堅田大宮《かただおおみや》の社人《しゃじん》（神社に奉仕する者）坂本将監《さかもとしょうげん》が自分の門徒を率いて、堅田馬場《ばば》道場《どうじょう》の法住《ほうじゅう》とその門徒を襲い追放しようとした。

この堅田での内部抗争は、法住が堅田大宮《かただおおみや》（堅田伊豆神社）に八十貫《かん》を出すことで落着したが、その出銭を要求したのは、山門ではなく堅田の殿原衆《とのばらしゅ》（下鴨社御厨供御人《しもがもしゃみくりやくごにん》（下鴨社の供《く》物《もつ》を提供することで、特権を与えられた者）の系譜を引く根本住人の地侍層《じざむらい》）であるとの指摘がある（新行：一九六四）。

その後の交渉で、応仁《おうにん》元年（一四六七）に、山門の三門跡の一つである青蓮院（本願寺の本寺、本願寺歴代住持は青蓮院で得度していた）の仲介により、本願寺は山門西塔《さいとう》の末寺となり、末寺銭三千疋を毎年納入することで、山門から安堵《あんど》（本願寺とその門徒の活動を承認・保証）されることになった。堅田門徒も法住《ほうじゅう》が交渉の末、山門北谷覚恩房《きたたにかくおんぼう》の末寺となり末寺銭を納めることで、蓮如から下された本尊の安置を認められた。金森の道西《どうさい》も本尊安置を許されたが、雄《お》琴《ごと》の掃部《かもん》は末寺銭納入を拒否し続けたため、山門による弾圧が続き、門徒が離脱してしまった。

## 分かれる金森一揆の解釈

山門による本願寺とその門徒に対する弾圧の要因について、信仰上の対立に求める説（草野：二〇〇四）と、信仰とは無関係であるとする説に分かれている（神田：一九九六・二〇〇七）。両説を踏まえ、蓮如の真宗とその社会性という観点から、分析が行われている。その中で、蓮如の教説は親鸞《しんらん》とは異なり欲望充足を否定しない点から、祈祷による現世利益を全面的に肯定する山門とは原理的に対立するものではないとする指摘が注目される。すなわち、山門の弾圧・攻撃の理由は、宗教的・思想的な対立にあるとはいえず（斉藤：二〇一四）、応戦した金森一揆を純粋な宗教一揆とみなすことには慎重を要する。

また、蓮如の最初の妻と二度目の妻は、幕府政所執事《まんどころしつじ》伊勢貞房《いせさだふさ》の娘であり、長男順如《じゅんにょ》と五男で後嗣となる実如《じつにょ》は、八代将軍足利義政《あしかがよしまさ》の正室日野富子《ひのとみこ》の兄日野勝光《ひのかつみつ》の猶子《ゆうし》（擬制的親子関係の子供）となっており、本願寺は、幕府との繋がりを持っていた。加えて、水陸交通の要衝を拠点とした流通に携わる門徒の拡大に伴い、経済力を高めていった。

蓮如の教説・本願寺の勢力拡大を勘案すれば、山門はあくまで本願寺を配下に置き続けることで、経済的な負担を強いるために、弾圧・攻撃を行ったとする見解が妥当であろう（横倉：一九八八、斎藤：二〇一四）。先の上宮寺如光の言葉も、これを裏付けている。

逆に、門徒側は、長禄《ちょうろく》・寛正《かんしょう》の飢饉（長禄三年（一四五九）～寛正二年（一四六一）にかけての干魃・冷害・風水害の連続によりもたらされた深刻な飢饉）からの復興の過程で、山門及び反本願寺勢力による年貢徴収と流通をめぐる対立を背景とした不当な侵害に対して、生活防衛の戦いを展開したとみることができる（峰岸：一九九六、斎藤：二〇一四）。

金森一揆が収束した応仁元年（一四六七）は、応仁の乱が勃発しており、これが全国的な戦国時代の幕開けとなる。――既に関東では、享徳《きょうとく》三年（一四五四）に勃発した享徳の乱以後、戦国時代に突入していた――まさに、一向一揆と戦国時代は、ほぼ同時期に始まったのである。

## 二、堅田大責《かただおおぜめ》

### 湖上の権益の没収と奪回

応仁元年（一四六七）二月、赤野井から親鸞木像は堅田馬場道場に移された。堅田は山門横川楞厳院《よかわりょうごんいん》領であったが、翌年の応仁二年（一四六八）三月には、山門による「堅田大責」と呼ばれる堅田攻撃が行われた。

ことの発端は、同年一月に将軍の邸宅である花《はな》の御所《ごしょ》造営のための木材を運んでいた御蔵《おくら》奉行籾井《ぶぎょうもみい》の船に対し、堅田住民が海賊行為を働いたことである。幕府は山門に堅田攻撃を指令したが、まさに堅田住民に対する報復であった。この動きを事前に知った蓮如は大津《おおつ》に避難している。山門の総攻撃に対し、堅田側は防戦するも敵わず焼き払われ、住民は琵琶湖の沖《おき》の島《しま》に逃げ落ちた。この時、堅田住民は門徒・非門徒にかかわらず、結束し山門と戦ったのだが、堅田を構成する堅田四方《しほう》（北ノ切《きり》・東ノ切《きり》・西ノ切《きり》・今堅田《いまかただ》）の内、今堅田の住民だけは山門に味方をしている。その今堅田も、類焼により焼き尽くされてしまった。

堅田大責により、それまで堅田が山門から認められていた湖上の関《せき》・上乗権《うわのりけん》（湖上の関所の一つ堅田関の管理と、運航する船の安全を保障しその対価を徴収する権利）は没収された。堅田に

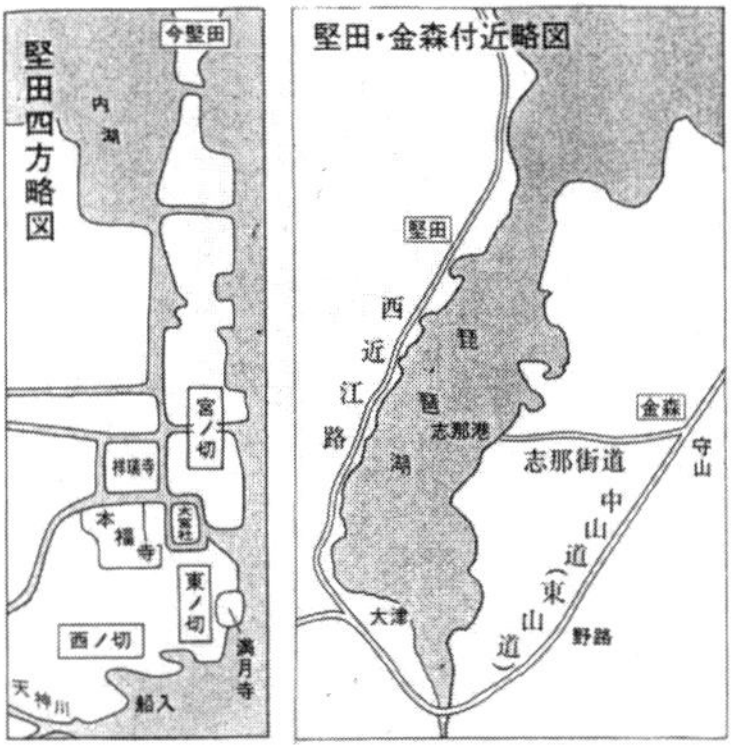


【堅田四方略図、堅田・金森付近略図】
木村至宏編『図説滋賀県の歴史』
（河出書房新社、1987年）より

代えて、坂本《さかもと》の住民へ関・上乗権が与えられることになる。

　しかし、山門と坂本との関係が悪化すると、山門の要請で堅田が坂本攻撃に協力することで、再び関・上乗権を奪回することができた。この坂本攻撃には、「堅田四方の兵船」で攻め入っており、今堅田も参戦していた。まさに、関・上乗権奪回は、堅田全住民の死活問題に関わっていたのである（新行：一九六四）。

## 変貌する堅田

　坂本攻撃の時期は不明確であるが、文明《ぶんめい》二年（一四七〇）に山門と堅田との間で和睦が成立し、莫大な礼銭を山門に支払うことで、堅田住民の還住《げんじゅう》（元の居住地に戻り住む）が許されることになった。その際、法住をはじめとする門徒らは過分な礼銭を負担しており、その経済的実力は顕著になった。

　門徒らは、全人衆《まとうどしゅ》（堅田の経済発展により、移住定着した百姓や商工業者を中心に構成された下鴨社御厨の新供御人〉という階層に属していた。彼らの財力により還住が実現したことにより、全人衆の地位が上昇し、それまで堅田の指導層であった殿原衆《とのばらしゅ》と対等な立場となる。その結果、殿原衆と全人衆という区別自体がなくなり、堅田諸侍《しょざむらい》・地下衆《じげしゅう》という階層に再編されていく（水戸：一九七七）。

堅田大責とその後の坂本攻撃では、門徒は非門徒と連合したが、護法のために戦ったわけではなく、琵琶湖における権益のために戦ったのであった。しかも、堅田大責では、今堅田は山門に味方していることに注意せねばならない。堅田住民はその時々の利害関係により、敵対したり、同一行動をとったりしたのである。

ちなみに、堅田門徒の中心は、堅田三方《さんぽう》の「地下」・「地下惣《そう》」・「地下惣中《そうちゅう》」と呼ばれた門徒惣中《そうちゅう》（組織）である。この堅田三方における門徒の人口構成比は高かっただろうが、多数派であったかはわからない（峰岸：一九七六）。しかし、堅田還住後には門徒が拡大しており、十五世紀末には堅田馬場道場は、寺格を得て本福寺《ほんふくじ》となり引き続き湖西門徒を束ねていった。

## 堅田門徒間の対立

堅田大責の翌年の文明元年（一四六九）に、山門と対立する一大勢力である天台宗寺門派《じもんは》三井寺《みいでら》の斡旋により、蓮如は三井寺南別所《みなみべっしょ》の大津近松《ちかまつ》に顕証寺《けんしょうじ》（近松御坊《ちかまつごぼう》）を建立し、親鸞木像を安置した。顕証寺の住持には、長男順如を配している。文明十五年（一四八三）に順如が死没したため、蓮如の六男蓮淳《れんじゅん》が顕証寺の住持となる。蓮淳は近江門末の再統制を通じて積極的に教団機構を改革し、強化していった。その結果、本願寺派の勢力は伸張していったが、本福寺の衰退を招き、かえって堅田内部では門徒間の対立を生むことになる。

堅田門徒間の対立の根幹には、門徒それぞれに自身の生活、権益の安定を求める動きがあったからであり、堅田住民の主体性は政治や宗教によるものではないとする、鋭い指摘がなされており、一向一揆自体が自己の権益をめぐる闘争の中から登場したものであると結論づけられている（渡邉：二〇一四）。

## 三、文明一揆

### 吉崎御坊《よしざきごぼう》建立

文明三年（一四七一）蓮如は大津から北陸に赴いた。そして、「虎狼《ころう》のすみか」と言われていた加賀との国境と至近距離にあった越前吉崎《よしざき》に坊舎を建立する。この吉崎御坊が北陸における教化の拠点となった。この時期は、応仁・文明の乱が各地に拡大していた時期に当たる。越前のみならず北陸一帯で戦乱が続き、やがて蓮如や門末《もんまつ》（末寺寺院・坊主・門徒）もその激しい渦の中に巻き込まれていく。

　当時、隣国加賀では、守護富樫家《とがしけ》で家督・守護職をめぐり内訌《ないこう》が続いており、越前でも、東軍方の朝倉氏《あさくらし》と西軍方の甲斐氏《かいし》との間で覇権をめぐり戦いが繰り広げられていた。その情勢下で、本願寺派と対立する真宗高田派《たかだは》は、西軍方の守護富樫幸千代《とがしこうちよ》とよしみを通じ、本願寺派門徒へ弾圧を加えていた。これに対し、吉崎寺内《じない》の多屋衆《たやしゅう》（参詣者のための宿坊主とそこに詰めている門末）は、文明五年（一四七三）正月から要害を構築している。翌六年（一四七四）七月、それまで劣勢だった東軍方の兄の富樫政親《とがしまさちか》は、吉崎御坊に助勢を要請し、守護富樫幸千代に戦いを挑んだ。

## 文明六年一揆

　それまで、蓮如は門徒に対して守護・地頭に服することを命じていたが、この時は、守護との戦いは前代未聞としつつも、高田派門徒が守護と結託し、仏法に敵をなしているので、守護への謀反はまことに道理にかなっていると主張した。また、将軍から百姓中に奉書《ほうしょ》（主人——ここでは将軍——の意を受けて下される文書）が下ったことに触れ、対守護戦が私的な戦いでないことに言及している。つまり、護法と将軍の下知を名分として、軍事行動を積極的に肯定したのである。

本願寺派門徒が支援した富樫政親は優勢になり、十月に富樫幸千代の蓮台寺《れんだいじ》城《じょう》を陥落させ勝利を収め、加賀守護に就任した。これが北陸における最初の一向一揆である。この時の戦について、奈良の興福寺《こうふくじ》大乗院《だいじょういん》尋尊《じんそん》は、以下のように記している。

加賀国で無碍《むげ》光宗《こうしゅう》と称する一向宗《いっこうしゅう》の土民《どみん》と侍分《さむらいぶん》（守護方）との間で確執が生じた。そのため、侍分は土民方により国中から駆逐されてしまった。守護代《しゅごだい》小杉《こすぎ》は守護方に加勢したので、土民方に討たれたが、一向宗方も二千人余りが討死にした。この戦いで加賀国中が焼失した。富樫政親は加賀平野部に侵攻したが、さしたる戦果をあげなかった。土民が蜂起することは、とんでもないことである。

（『大乗院寺社雑事記《だいじょういんじしゃぞうじき》』文明六年十一月一日条）

## 蓮如の吉崎退去

文明七年（一四七五）になると、対富樫幸千代戦で富樫政親と連合した本願寺門末の勢力は拡大し、寺社領の年貢は対捍《たいかん》されていた。これに対し、富樫政親は警戒心を抱くことになる。やがて両者は対立し、一部の本願寺派門末が蜂起したが、富樫政親に敗れ越中に敗走する。彼らは、吉崎の蓮如に富樫政親への和睦と還住の仲介を願ったが、取り次ぎの蓮如側近の蓮崇《れんそう》は、戦いの継続が蓮如の意思であるとの偽りの言葉を伝えたという。

この頃、蓮如自身は、成敗の御書（お叱りの御書）と呼ばれる七月四日付の書状を、吉藤《よしふじ》専光寺《せんこうじ》・木越光徳寺《きごしこうとくじ》の坊主と門徒宛に発給している（北西：一九九八）。その中で、年貢未進などの悪行を厳しく戒め、従わない者に対しては破門《はもん》すると通告している。その直後の八月に、蓮如は突然吉崎から退去した。

蓮如の吉崎退去の理由は判然とせず、再び戻ることもなかった。その後は、吉崎で中心的な存在であった和田本覚寺《わだほんかくじ》が吉崎御坊の留守を預かることになる。本覚寺は、越前足羽郡《あすわぐん》和田荘《わだのしょう》に寺基《じき》（寺の基礎、礎石など）を定めていたが、北加賀の本願寺門末に強い影響力を与えており、加賀に配置された蓮如の子息らが加賀の門末を本格的に主導するまで、本覚寺が北加賀の一向一揆を統括していた。

## 山科本願寺《やましなほんがんじ》・大坂御坊《おおさかごぼう》の建立

吉崎を後にした蓮如は、河内《かわち》の出口《でぐち》にたどり着き滞在する。その後、出口御坊《でぐちごぼう》、富田御《とんだご》坊《ぼう》、堺御坊《さかいごぼう》を建立し、文明十五年（一四八三）には山科本願寺を完成させた。既に、山科本願寺には親鸞木像が移されており、以後、天文元年（一五三二）の焼失まで、ここが本山となる。その後、明応《めいおう》五年（一四九六）には、吉崎と同じように「虎狼《ころう》のすみか」と称された大坂に、蓮如の隠居所の大坂御坊が建立された。大坂御坊は翌年に完成し、蓮如の最後の妻蓮能尼《れんのうに》とその所生の九男実賢《じつけん》らも住することになる。

　これまで、蓮如の吉崎退去までの経緯を各地域の状況とともに時系列で述べてきたが、次に紹介する同時代の越中砺波郡《となみぐん》一向一揆と飛騨白川郷一向一揆については、史料的制約から不明なことが多い。

## 四、越中砺波郡《となみぐん》一向一揆

### 「闘諍記《とうじょうき》」に描かれた一向一揆

　文明十三年（一四八一）におきた越中砺波郡《となみぐん》一向一揆の唯一の史料である軍記物「闘諍記」の原本は所在不明であるが、江戸時代に作成された三つの写本が伝存する。また、この一向一揆に関する一次史料は、確認されていない。

　これまで「闘諍記」の内容について検討がなされ、この年に砺波郡で一揆が勃発する状況ではなかったとする説がある。しかし、史料的に不正確な部分があるものの、必ずしも信憑性・蓋然性が否定されているわけではない。そこで、「闘諍記」の内容を見てみよう。

## 石黒氏《いしぐろし》・惣海寺《そうかいじ》の滅亡

文明十三年（一四八一）二月、富樫政親の依頼により砺波郡福光城《ふくみつじょう》の国人《こくじん》（現地の有力武将）石黒光義《いしぐろみつよし》は、本願寺の一家衆寺院《いっけしゅう》（本願寺宗主《しゅうし》の一族寺院）瑞泉寺《ずいせんじ》を攻撃した。瑞泉寺には、富樫政親との抗争に敗れて牢人《ろうにん》（敗北して、居住地から逃れた者）となっていた加賀の門末が集結していた。

石黒光義は、「ここ数年一向宗がはびこり、国主《こくしゅ》に対してわがままな振る舞いをしている。そのうえ、瑞泉寺へ加賀から逃げ集まってきた坊主どもが、もし一揆を起こし、加賀のように騒動がおこれば、国の乱れとなる。まだ一揆の企てがないうちに、瑞泉寺を焼亡させ、院《いん》主《じゅ》・坊主どもを捕縛すべきである」と述べて奇襲攻撃を仕掛けることにした。そして、石黒勢に味方の天台宗医王山惣海寺《いおうぜんそうかいじ》の衆徒《しゅうと》を合わせた総勢千六百人が進発した（この当時、国主・院主という言葉は、使用されていない）。

この情報を得た瑞泉寺側では、門徒五千人で迎撃することになる。加賀の一家衆本泉寺《ほんせんじ》は、富樫政親の要請で瑞泉寺救援には赴かなかったが、惣海寺の勢力範囲にあった加賀の湯涌谷《ゆわくだに》の者たち二千人が駆けつけた。この時、地元の一家衆土山坊《どやまぼう》に滞在していた石黒光義の旧臣坊坂四郎左衛門《ぼうさかしろうざえもん》は彼らとともに、軍勢を二手に分けて守備が手薄な福光城と惣海寺を背後から襲撃したため、石黒勢と惣海寺勢は壊滅し、石黒光義と惣海寺は滅亡した。

この戦闘で、一家衆の行動に相違が見られるが、それは加賀・越中におけるそれぞれの立場、状況の違いによるものである（浅香：一九八三、久保：一九八三）。これに対し、当時、瑞泉寺には本願寺一族が居住しておらず、土山坊は本泉寺統制下にあり一揆には参加していないとする指摘がある（草野：一九九三）。一家衆が戦闘に関わっていないのならば、石黒光義を滅ぼしたのは門徒らによる主体的な一揆だったといえる。

越中砺波郡一向一揆が勝利し、福光城の石黒氏と惣海寺は滅亡したとされるが、その後、瑞泉寺・土山坊や本願寺の門末が領域支配を行ったわけではなく、守護畠山《はたけやま》氏・守護代遊佐《ゆさ》氏《し》も健在だった。しかし、砺波郡北部や射水郡《いみずぐん》・婦負郡《ねいぐん》にまたがる領域に、土山坊の後進である勝興寺《しょうこうじ》の与力《よりき》集団＝越中衆が形成されていくことになる。

## 五、飛騨白川郷一揆

### 照蓮寺《しょうれんじ》と内島氏《うちがしまし》

当該期の飛騨大野郡《おおののぐん》白川郷《しらかわごう》の本願寺派寺院照蓮寺と内島氏に関する一次史料はこれまで確認されていなかった。しかし、蓮如の継嗣実如《じつにょ》の時代以降は、両者とも飛騨《ひだ》における一大勢力として歴史の表舞台に度々登場する。

江戸時代に作成された『岷江記《びんこうき》』には、両者の関係が記されており、その概略は以下の通りである。

長享二年(一四八八)に内島為氏《ためうじ》・雅氏《まさうじ》父子が正蓮寺の威勢を警戒し、正蓮寺明教《みょうきょう》と兄の三島教信《みしまきょうしん》に攻撃をしかけたが、正蓮寺側は迎撃して一旦は内島勢を越中に追いやった。しかし、その後、再び内島勢が来襲した時に、正蓮寺明教は討死し、三島教信は敗走して行き方しれずになった。

明教の妻女と子息亀寿丸《かめじゅまる》は、かろうじて越前に逃れた。その後、亀寿丸は本願寺で得度して明心《みょうしん》となった。そして、本願寺の斡旋で文亀《ぶんき》元年(一五〇一)に仇敵の内島為氏と和解しその娘を妻に迎え、寺院を再興することになった。それ以降、内島氏とは友好関係を維持し深い繋がりをもつようになった。

また、再興に当たり本願寺実如から下された「六字名号《ろくじみょうごう》」の本尊(南無阿弥陀仏の六文字を記した本尊)の裏書で正蓮寺の正が照に書き改められたので、それ以降、寺号を照蓮寺とした。

一方、同じく江戸時代に作成された『飛州志《ひしゅうし》』の「内島略系《りゃくけい》」では、内島為氏の部分で、

「文明七年（一四七五）に照蓮寺明教を討取り、文明十七年（一四八五）に三島教信を討取った」としており、内島為氏が正蓮寺（照蓮寺）明教と三島教信兄弟を殺害した年次は著しく異なっている。

このように、両者の対立と和解及び、その後の提携の経緯については、不明確な部分が多い。また、内島氏が当時は幕府奉公衆《ほうこうしゅう》（将軍の直臣《じきしん》で、守護から独立し幕府御料所《ごりょうしょ》（直轄地）の管理に当たり、将軍直轄軍の構成員となった）であり、白川《しらかわ》で勢力を持っていたことは確認できるが、その出自についてもよく分かっていない。

## 一次史料の発見

ところで、二〇一九年七月に白川村のNPO法人白川郷耕雲塾《しらかわごうこううんじゅく》が、京都で蓮如書状を購入したが、ここに当該期の白川に関わる重要な内容が記されていることが明らかにされた。この書状は、六月六日付で蓮如の四男蓮誓《れんせい》に宛てたものである。これを報道した岐阜新聞は、金龍静《きんりゅうしずか》氏のコメントを掲載している。

金龍氏は、筆跡や花押からほぼ蓮如の真筆であるが、花押《かおう》は蓮如の最晩年の明応期《めいおうき》（一四九二年以降）のものと指摘し、内容から、この時期に白川郷で一揆があったのかもしれないとの見解を示されている。また、金龍氏は、これまで蓮如が一揆について言及したものは、加賀一向一揆を叱った「お叱りの御文」ぐらいしかなく、別の一揆についての書状は初めてで、第一級の史料であるとしている。今後、この蓮如書状の詳細な分析が行われ、白川一揆に関する不明確な部分が明らかにされることを期待したい。

さて、話を蓮如の吉崎退去後に戻すと、長享二年（一四八八）に、加賀一向一揆が勃発する。次節では、この有名な一向一揆の背景・経緯・結果を、政治過程・社会状況に照らし合わせながら見ていくことにする。

## 六、長享《ちょうきょう》一揆（加賀一向一揆）

### 加賀守護富樫氏の実情

加賀は河北郡《かほくぐん》・石川郡《いしかわぐん》・能美郡《のみぐん》・江沼郡《えぬまぐん》の四つの郡から構成されていたが、文明一揆の過程で、それぞれの郡で一揆が成立する。郡は国人《こくじん》・荘官《しょうかん》（現地の有力武士、在地領主《ざいちりょうしゅ》）の連合組織であったが、その中には幕府奉公衆や本願寺派門徒を含んでいた。

一方、権力基盤が弱かった守護富樫政親は、九代将軍足利義尚《よしひさ》に近侍することで、守護領国の一円化《いちえんか》（一元的支配）に乗り出すなど、権力の維持拡大を画策していた。もともと富樫氏は、南北朝の動乱期に加賀で台頭し、守護に任命されたものの、加賀周辺の越前《えちぜん》・能登《のと》・越中《えっちゅう》

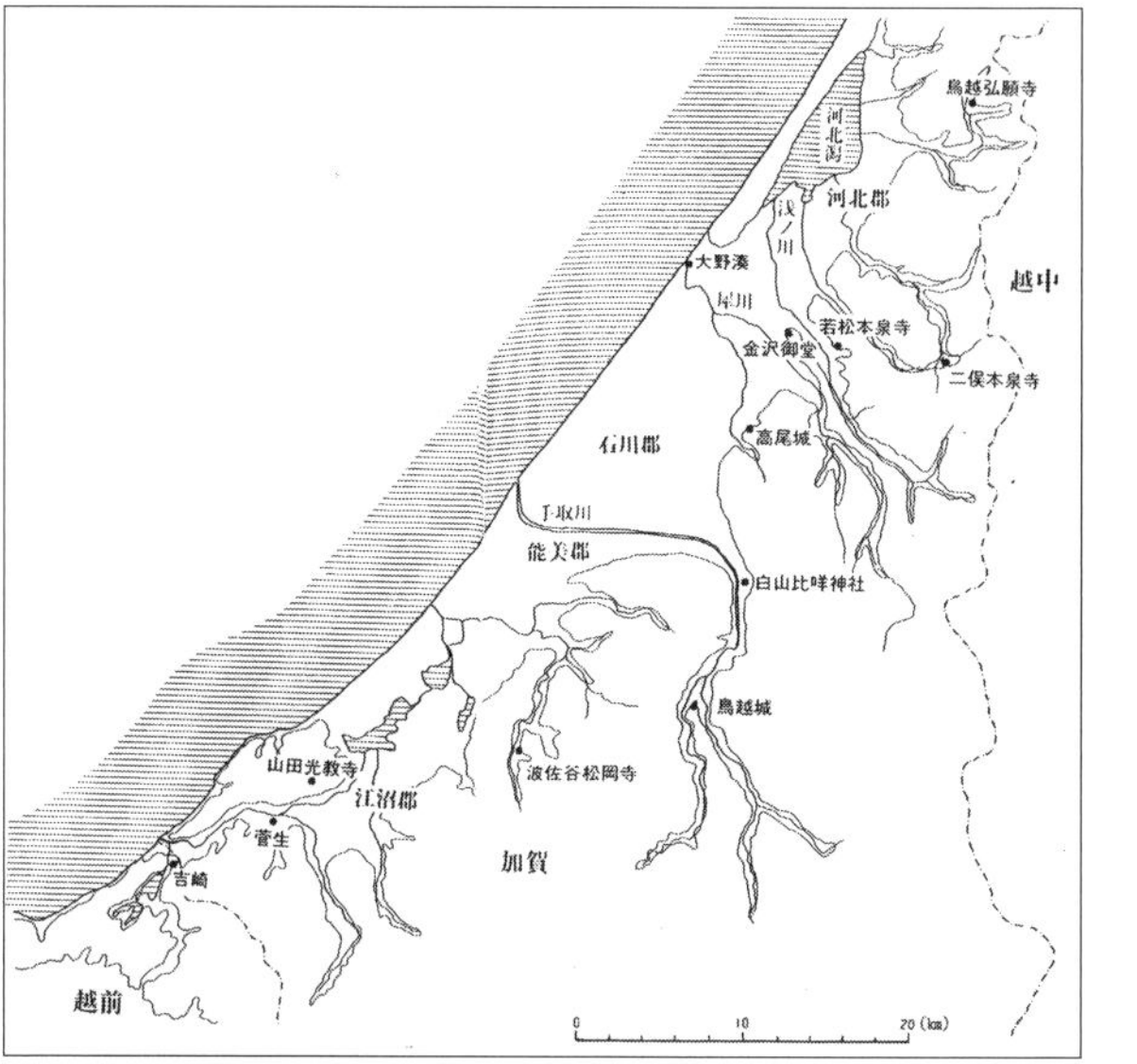


【河北・石川・江沼郡略図】
一向一揆を考える会編『加賀一向一揆五〇〇年』（能登印刷出版部、1989 年）より

では、斯波氏《しばし》・畠山氏《はたけやまし》など将軍家の有力一門が守護に任ぜられていた。その結果、将軍の意向に振り回されたり、将軍家一門の政争に巻き込まれていくことになる。また、加賀国内には、御料所や五山《ござん》禅院領《ぜんいんりょう》（京都の臨済宗の五大寺の所領）が多く、奉公衆が多数存在し、守護領国制を展開するには大きな制約があった。

## 加賀の半国守護体制

加賀における富樫氏の立場の弱さは、一族の内訌に拍車をかけることになる。応永二十一年（一四一四）に加賀では、富樫氏嫡流が南加賀守護となり、庶流が北加賀守護に就任し、半国守護《はんこくしゅご》（一国を二分し、半分を管掌する守護）による支配が行われた。応永二十五年（一四一八）には、一国守護体制《いっこくしゅごたいせい》になったが、嘉吉の乱《かきつのらん》（六代将軍足利義教《あしかがよしのり》が嘉吉元年（一四四一）に殺害された事件）後の富樫氏の内訌により、再び半国守護体制に戻ってしまった。

守護職をめぐる富樫氏の内訌に伴う国人の分裂抗争が起こり、さらには、外来勢力である赤松政則《あかまつまさのり》が北加賀半国守護に任ぜられたが、その入部時《にゅうぶ》には北加賀国人が激しく抵抗した。この過程で、加賀北二郡は自立性を強めていく。そして、加賀は事実上、北加賀＝北二郡（河北郡《かほくぐん》・石川郡《いしかわぐん》）と南加賀＝南二郡（能美郡《のみぐん》・江沼郡《えぬまぐん》）に分離するにいたった。

一方、越前に寺基《じき》を置く本願寺派寺院本覚寺《ほんがくじ》は、長禄元年（一四五七）十月以前に、北加賀に勢力を扶植しており、また、蓮如の祖父巧如《ぎょうにょ》の時代から超勝寺《ちょうしょうじ》が南加賀において門徒を増加させ、それぞれ加賀を二分する形で教線《きょうせん》を伸張していった。この本願寺の教線拡大、門徒獲得の方式は、加賀半国守護設置（北加賀守護・南加賀守護）により、加賀の政治体制が南北に分割されていたことと密接に関連していたものと考えられる。

## 応仁・文明の乱と加賀

応仁・文明の乱の最中、東軍方の北加賀半国守護の赤松政則は旧分国《ぶんこく》の播磨《はりま》・備前《びぜん》・美作《みまさか》を回復し、その後、その守護に就任したため、北加賀半国守護は解任され、加賀では南加賀半国守護の富樫政親が一国守護に就任したと考えられる。しかし、文明四年（一四七二）には、政親と対立する西軍方の弟の富樫幸千代が加賀守護に就任していた。

このような加賀国内の複雑な政治状況下で、それぞれの郡で一揆が形成されていったのである。同時に、本願寺も着々と教線を伸張させて、村落の小領主を含む百姓層の多数が門徒化していく中で、本願寺派門末による一揆も組織化されていったのだった。

富樫政親の守護復帰後には、郡とは別に村落の土豪層《どごうそう》ら（有力者層）による複数の惣村・惣郷をまたがる組が結成されていたが、その中に多くの本願寺派門徒が存在していたと考えられる。門徒の増加に伴い、やがて組も加賀の各地で次々と成立して、実如《じつにょ》の時代以降には整備されていき、本願寺一家衆を軍事・財政面で支える門徒組織へとなっていく。

## 富樫政親への反発

文明十八年（一四八六）七月に、富樫政親は九代将軍足利義尚の右大将就任祝賀行事に参列するために上洛し、そのまま在京し続けていた。翌長享元年（一四八七）九月に六角高頼《ろっかくたかより》を征伐するために将軍が近江に出陣すると、これに従軍している。

富樫政親はこの従軍のために、加賀で過大な公事《くじ》・夫役《ぶやく》を課した。この負担増大に対し、加賀国内では様々な階層で政親に対する不満・反発が急速に高まっていった。

　領国加賀での反発に対応するために、政親は十二月に足利義尚の許可を得て、近江の陣から急遽帰国することになる。一方、加賀では反富樫政親の「国中ノ一揆」が成立しており、彼らは政親の大叔父で元守護の富樫泰高《とがしやすたか》を擁していた。

　「国中ノ一揆」は、寺社本所領還付《じしゃほんじょりょうかんぷ》を掲げる本願寺門末・国人・白山宮《はくさんぐう》・百姓ら反富樫政親勢により構成されていたが、本願寺一家衆の本泉寺《ほんせんじ》・松岡寺《しょうこうじ》・光教寺《こうきょうじ》が直接関与していた徴証はない。また、郡の組織としての動向は不明である（浅香：一九八三、金龍：一九九七、本願史料研究所：二〇一〇）。

## 富樫政親滅亡

　富樫政親は帰国後、高尾城《たこうじょう》に籠もり、一揆勢の攻撃に備えていた。長享二年（一四八八）五月二十六日に、一揆勢は蜂起し高尾城を包囲する。これに能登・越中の一揆も加わり、六月七日に攻防戦が開始された。富樫政親救援のために将軍の指令で、既に越前の朝倉勢が加賀に進軍していたが、形勢不利の状況下で九日に富樫政親は自害した。

　富樫政親滅亡の報を受け激怒した足利義尚は、蓮如に対して加賀一国の一揆ら門徒の破門を命じたが、管領《かんれい》細川政元《ほそかわまさもと》の取りなしで免れたという。将軍からみて、一揆の主体は本願寺の門末であった。

本願寺側の記録では、細川政元を聖徳太子の化身であるとし、接待の際には細川政元の嗜好に合わせ、精進料理でなく魚料理を出すなど厚遇している。加賀は細川氏の勢力圏にあり、本願寺は細川氏との関わりの中で、北陸に進出していたのである（石田：一九八九）。その後、蓮如の後嗣実如の代には、本願寺は細川政元との提携をより一層深めていくことになる。

長享一揆と富樫政親滅亡後の加賀について、『実悟記拾遺《じつごきしゅうい》』では、

加賀では、元守護（元南加賀半国守護）だった富樫政親のいとこの安高《やすたか》（泰高）を担いで、百姓中が合戦し、勝利して政親を討取った。安高を守護として百姓が擁立したので、百姓らの勢力が増大し、近年は百姓が支配している国のようになっている。

と記されている。なお、富樫泰高は、富樫政親の従兄ではなく、大叔父である。この史料は高校日本史の教科書にも掲載されているが、「百姓が支配している国」で区切って読むことに対して、「ように」の部分を十分に検討すべきであるとの提言がある（藤木：一九八九、石田：一九九五）。では、「百姓が支配している国のようになっている」とは、どのようなものだったのであろうか。

## 門徒増大の要因

長享一揆後に守護に返り咲いた富樫泰高は、その権限を全く失ったわけではない。しかし、徐々に加賀守護の勢力は後退していった。また、長享一揆で敗北した富樫政親方の欠所分《けつじょぶん》(没収された所領)が大量に発生していた。この欠所跡職《けつじょあとしき》(没収された所領の各職に応じた得分=収益)の分配・処置をめぐり、本願寺派の門徒が押領するなど積極的に介入することになる。この動きが非門徒をも刺激し彼らも一揆に参加し、ひいては門徒化する大きな要因となっていったと考えられる(金龍:一九九七)。そのため、在地の末端で門徒が多数派を占める事態になるのである。

一方、郡も独自に幕府の命令を遵行《じゅんぎょう》(執行)する権限を有しており、守護とは一線を画して権力を行使していた。郡の各構成員も欠所跡職争奪戦に加わることで、所領拡大をめざしていく。

欠所跡職争奪戦を通じた在地の混乱の中で、郡・組の構成員たちが勢力を拡大していき、本願寺の門徒拡大という状況のもと、蓮如没後には本願寺の統制下に入ることになる。その主な担い手と本願寺派の坊主たちが、加賀の支配に関わることになる状況こそが、「百姓が支配している国のようになっている」との表現が意味するものなのである。

長享一揆を経て、蓮如の七男本泉寺蓮悟《ほんせんじれんご》と三男松岡寺蓮綱《しょうこうじれんこう》が主導し加賀の門末を統轄していくことになるが、その後も欠所跡職争奪戦は続いていき、加賀のみならず北陸一帯の争乱、ひいては加賀を舞台とした本願寺の内訌（享禄《きょうろく》の錯乱《さくらん》）の要因の一つとなっていく。

## 七、明応《めいおう》の政変

### 細川政元のクーデター

長享一揆の翌年の延徳《えんとく》元年（一四八九）八月に蓮如は隠居し、五男の実如《じつにょ》が九代宗主となるが、その四年後に幕府で一大事件が起こり、本願寺・加賀の一家衆や門徒も影響を受けることになる。

明応二年（一四九三）二月、十代将軍足利義材《よしき》は畠山氏尾州家《びしゅうけ》の政長《まさなが》の要請で、長年政長と家督争いを続けていた宿敵畠山氏総州家《そうしゅうけ》の義就《よしなり》（三年前に死亡）の子基家《もといえ》（義豊《よしとよ》）を討伐するため、河内《かわち》に出陣した。この河内攻撃の最中の四月に、それまで政長と幕政をともに担っていた細川政元がクーデターを起こし、義材を廃しその従弟の義遐《よしとお》（義澄《よしずみ》）を十一代将軍に擁立し、政長から河内守護職を剥奪して京都を征圧した。

畠山政長は河内の陣所正覚寺《しょうがくじ》で細川勢の攻撃を受け重臣らとともに自害し果てた。政長の嫡子尚順《ひさのぶ》は紀伊《きい》に逃れ、足利義材は身柄を拘束され細川政元に幽閉されてしまう。しかし、六月二十九日の夜半に大雨に紛れて幽閉先の政元の被官《ひかん》（家来）上原元秀《うえはらもとひで》邸から脱出し、越中放生津《ほうじょうず》の畠山氏の越中守護代神保長誠《じんぼながのぶ》のもとに逃れ、将軍職奪回を目論むことになる。

## 北陸の諸守護の動向

北陸の諸守護は若狭《わかさ》武田氏を除き、放生津の義材を支持して参進《さんしん》（貴人の前に参る）しており、反細川政元の立場に立っていた。加賀守護富樫泰高も義材に参進しているが、これは同年五月に赤松政則が細川政元の意向で加賀を拝領したため、泰高が京都から遁れたことが原因であると考えられる。まさに、幕府の実権を掌握した細川政元の権謀術数が、泰高を反細川政元派に走らせたのである。一方、朝倉氏は義材のもとに参進したものの、細川政元との太いパイプを維持し続けていた。このように、明応の政変は、北陸の政情に多大な影響を与え、北陸諸国は複雑な様相を呈することになる。

## 各階層の利害と思惑

蓮如・実如父子は親細川政元派であり、加賀の本泉寺蓮悟と松岡寺蓮綱の両山《りょうざん》も、父蓮如の意向に従い親細川政元の立場にあった。加賀大野庄《おおののしょう》の明応四年（一四九五）の年貢算用状《ねんぐさんようじょう》

＝収支決済報告書（『天龍寺文書《てんりゅうじもんじょ》』）によれば、本願寺・両山は足利義材を敵と見なし、義材方の上洛戦の攻撃に対して、国中所々に防備施設構築のための費用を課した。そこで、大野庄の荘園領主臨済宗寺院臨川寺《りんせんじ》から荘主《しょうしゅ》（荘園を管理経営するために派遣された寺僧）を通じて、十人衆組《じゅうにんしゅうぐみ》・六ヶ組《ろくかぐみ》へ九十二石六斗六升が割り当てられている。これに加え矢銭《やせん》（軍用費）二十一貫文が六ヶ組に、二十貫文が米泉組《よねいずみぐみ》に課せられているが、両組とも後者の矢銭負担は拒否している。

　この算用状に記されている十人衆組・六ヶ組・米泉組は、先述の組の初見である。これらの組は荘園の枠を超えた地域集団で門徒が多数を占めていたとみられるが、過度の負担に対しては免除を要求しているのである。すなわち、組は自分らの生活維持を最優先にしており、たとえ加賀の門末を統轄する両山の指令・要請による軍備費用拠出であっても、一定以上の負担は、拒否しているのである。これに関連し、一向一揆の基底をなす「惣庄《そうしょう》」（荘園内の村落共同体）や「組」と、一向一揆の上層部を構成する国人・大坊主の組織体である「惣国《そうこく》」「郡」との間に利害対立があり、こうした事実から、一向一揆という「一国ノ一揆」に内在する、百姓層と国人・大坊主との本来的な対立関係を読み取れるとする重要な指摘がある（浅香：一九八二）。

## 郡一揆、細川政元と敵対する

明応五年（一四九六）九月十六日に大乗院尋尊は、加賀国善水寺《ぜんすいじ》法師が語った北陸の情勢について、以下のように記録している。

一、加賀一国の一揆は、地下人《じげにん》（一般庶民）ばかりで構成されている。本願寺派以外の他の宗派の寺々も侍身分の者も一揆に加わっている。

一、一揆方に対し細川政元が、足利義材の上洛を阻止する軍事行動を要請したが、国人はこれを拒否した。

（『大乗院寺社雑事記』明応五年九月十六日条）

この時点で、加賀の国中ノ一揆の中で国人らの郡一揆は、守護富樫泰高同様に足利義材を支持し、反細川政元の立場に立っていたのである（金龍：二〇〇二）。一国ノ一揆は地下人が多数を占めていたが、様々な階層がそれぞれの利害で混在しており、その中の郡一揆の国人らは独自の動きをしていたのだった。

## 基層の一揆の目的

明応の政変後の加賀では、本願寺一家衆の本泉寺蓮悟・松岡寺蓮綱の両山は細川政元を支持し、守護富樫泰高と同様に郡一揆は足利義材を支持するなど、国中ノ一揆の上層部は一枚岩ではなく、分裂していたことに留意せねばならない。同時に、組も両山の指令に対し諾々と従っていたわけではなく、二節で紹介した、一向一揆自体が自己の権益をめぐる闘争の中から登場したものであるとする指摘（渡邉：二〇一四）の典型例である。蓮如は明応八年（一四九九）三月に没するが、加賀大野庄の文明十四年（一四八二）の年貢算用状（『鹿王院文書《ろくおんいんもんじょ》』）と、先に紹介した明応四年（一四九五）の年貢算用状・蓮如死没の翌年の明応九年（一五〇〇）の年貢算用状（『天龍寺文書』）を比較すると、荘園領主臨川寺に対する年貢滞納が急速に拡大していることが確認される。その滞納分は、門徒百姓のもとに留保されていったとみなされ、基層（下層）の門徒・百姓にとっては、一向一揆は生活権を守る経済闘争という面が非常に強かったとする見解がある（浅香：一九八八）。まさに、自己の権益をめぐる闘争の具現化といえよう。

## 八、第一章のまとめ

これまでこの章では、草創期の一向一揆を概観したが、宗教一揆としてとらえきれない側面が強いことがわかったと思う。蓮如は、唯一、文明六年（一四七四）の対富樫幸千代・真宗高田派門徒との戦いを認め正当化したが、その理由の一つとして法敵との戦いであることを主張したことをみてきた。このことから、純粋な宗教一揆だけは、例外的に肯定したと言えるだろうか。

確かに蓮如は、表面的には一揆を抑止している（峰岸：一九七九）。しかし、一揆に背を向けたポーズを取りつつ、一向一揆がもたらした現実の果実だけは食べようとしたとする指摘がある（白崎：一九七八）。そのうえ、北陸に配した子息たちが一揆を構えた門徒たちと共存共栄することを、なぜ厳格に禁じなかったのかという率直な疑問もある。加賀門徒から本願寺に上納される志納物《しのうぶつ》（年貢）には、蓮如自身が禁じた押領・滞納された年貢が含まれていたのである（辻川：一九八六）。これに関連し、戦闘指令は出していないものの、自身の意を汲んだかのように、子息の本泉寺蓮悟、一向一揆が様々に行動するのを蓮如は見守り、追認しているとの見解が注目される（峰岸：二〇〇八）。

また、蓮如没後の七年後には、加賀門徒は次代宗主実如の軍事動員指令に応えている。蓮如の吉崎退去後に、本願寺教団の暴力装置としての門徒の一揆（遠藤：二〇一四）を動員する体制が、着々と進められていたとみなすべきであろう。しかも、本願寺は幕府の権力者との結び付きを、維持し続けていたのである。

このように、護法に収斂されない一揆を、結果的に容認・肯定していたとみるべきである。

一方で、護法のための戦いのスローガンは、その後も歴代宗主に引き継がれていくのであった。

なお、越中砺波郡一揆と飛騨白川郷一揆は、宗教一揆の範疇に入れられるのかもしれないが、現時点では一次史料による十分な検討ができないため、結論は留保せざるをえない。

## 参考文献

浅香年木『北陸真宗教団史論―小松本覚寺史』（能登印刷・出版部、一九八三年）、「一向一揆の展開と加賀国大野庄」（『北陸史学』三〇号、一九八一年、同著『中世北陸の社会と信仰』法政大学出版局、一九八八年に所収）、『百万石の光と影　新しい地域史の発想と構築』（能登印刷・出版部、一九八八年）
石田晴男「京・鎌倉府体制の崩壊」（峰岸純夫編『古文書の語る日本史5戦国・織豊』、筑摩書房、一九八九年）、「加賀国が「百姓の持たる国」といわれたのはなぜか」（歴史教育者協議会編『一〇〇問一〇〇答・日本の歴史3中世』河出書房新社、一九九五年）
井上鋭夫『一向一揆の研究』（吉川弘文館、一九六八年）
遠藤一「九州真宗への水脈」（中川正法・緒方知美・遠藤一編『九州真宗の源流と水脈』、法藏館、二〇一四年）
大津市役所『新修大津市史』中世第二巻（大津市役所、一九七九年）
金沢市史編さん委員会編『金沢市史』通史編1、原始・古代・中世（金沢市、二〇〇四年）

神田千里「蓮如の実像」(『講座　蓮如』第一巻、平凡社、一九九六年)、『一向一揆と真宗信仰』(吉川弘文館、一九九一年)、『戦争の日本史14一向一揆と石山合戦』(吉川弘文館、二〇〇七年)
北西弘「蓮如上人成敗の御書—発給の年次と動機について」(『加能史料会報』一〇号、一九九八年、加能史料編纂委員会編『加賀・能登　歴史の窓』、青史出版、一九九九年に所収)
木村至宏編『図説滋賀県の歴史』(河出書房新社、一九八七年)
金龍静『蓮如』(吉川弘文館、一九九七年)、「加賀一向一揆の特質」(『加能史料研究』一四号、二〇〇二年)、『一向一揆論』(吉川弘文館、二〇〇四年)
草野顕之「医王山麓における真宗の足跡」(医王山文化調査委員会編『医王山文化調査報告書「医王は語る」』福光町、一九九三年)、「「寛正の法難」の背景」(『戦国期本願寺教団史の研究』法藏館、二〇〇四年、初出一九九八年)
久保尚文『勝興寺と越中一向一揆』(桂書房、一九八三年)
斎藤信行「「寛正の法難」再考—蓮如の真宗とその社会性—」(『眞宗研究』五八輯、二〇一四年)
白崎昭一郎「蓮如と一向一揆」(『郷土史話えちぜん、わかさ』北陸通信社、一九七八年)
新行紀一「越中一向一揆の諸前提」(『日本歴史』一四一号、一九六〇年)、「一向一揆の基礎構造—近江国堅田を中心に—」(『歴史学研究』二九一号、一九六四年)
高澤裕一編『図説石川県の歴史』(河出書房新社、一九八八年)
高瀬保編『図説富山県の歴史』(河出書房新社一九九三年)
辻川達雄『本願寺と一向一揆』(誠文堂新光社、一九八六年)
福井県『福井県史』通史編2中世(福井県、一九九四年)
藤木久志「私にとっての一向一揆」(一向一揆五〇〇年を考える会編『加賀一向一揆五〇〇年　市民

シンポジウム・私にとって一向一揆とは』（能登印刷・出版部、一九八九年）

本願寺史料研究所編『増補改訂本願寺史』第一巻（本願寺出版社、二〇一〇年）

水戸英雄「堅田一向一揆の基礎構造」（『歴史学研究』四四八号、一九七七年、峰岸純夫編『本願寺・一向一揆の研究』、吉川弘文館、一九八四年に所収）

峰岸純夫「一向一揆」（『岩波講座　日本歴史』8中世4、岩波書店、一九七六年）、「一向一揆—そのエネルギーの謎」（『日本史の謎と発見8』毎日新聞社、一九七九年）、「蓮如の時代—その社会と政治」（『講座　蓮如』1、平凡社、一九九六年）、以上の三論文は、同著『中世社会の一揆と宗教』（東京大学出版会、二〇〇八年）に一部改題され所収、「戦国社会における加賀・能登—細川政元政権と本願寺・一向一揆—」（『加能史料研究』二〇号、二〇〇八年）

横倉譲治『湖賊の中世都市　近江国堅田』（誠文堂新光社、一九八八年）

渡邊慶一郎「中世における近江堅田と諸勢力の動向—湖上の権益をめぐって—」（『龍谷大学大学院文学研究科紀要』三六号、二〇一四年）

# 第二章　実如《じつにょ》の時代――宗主による戦闘指令の始まり

## 一、大坂一乱《おおさかいちらん》

### 反政元派の巻き返し

明応八年（一四九九）正月、父畠山政長を自害に追い込んだ細川政元に対して、畠山尚順は勢力を挽回し、畠山氏総州家の義豊《よしとよ》（基家《もといえ》）を河内十七箇所《じゅうななかしょ》の戦いで攻め殺し、義豊の子義英《よしひで》は遁走したため、河内と大和を奪還した。

この情勢下で、七月足利義尹《よしただ》（義材）は越前敦賀《つるが》に進軍し、九月には義尹に呼応して尚順も河内から摂津に向かい進軍している。十一月義尹は敦賀を出発し近江坂本に布陣し、京都の政元攻撃を目論んだ。しかし、政元派の近江守護六角高頼《ろっかくたかより》勢との戦いに惨敗し、上洛は果たせず、周防《すおう》の守護大内義興《おおうちよしおき》のもとに落ち延びた。十二月には尚順も天王寺《てんのうじ》の戦いで細川勢に敗れ、紀州に敗走した。

この最中の同年三月に蓮如は没するが、継嗣の実如は政元との結び付きを深めていった。幕府権力者との提携により、父蓮如が再構築した教団の維持・拡大をめざしていくが、結果的に幕府の権力闘争に巻き込まれていくことになる。これが、本願寺や一向一揆にどのような影響を与え、変化をもたらしたのか、具体的に見ていきたい。

### 細川政元政権の動揺

幕府の実権を掌握していた政元は、畿内近国に一族や有力家臣を配し、勢力を拡大していった。しかし、永正元年（一五〇四）に、政元の家臣団の間で権力争いが勃発する。政元は修《しゅ》験道《げんどう》に没頭し、女性を一切近づけることなく妻帯しなかったため、実子がなかった。その逸話について、軍記物に記述がある。


管領の細川政元は、四十歳のころまで女人禁制で、飯綱《いいづな》の呪法や愛宕《あたご》の呪法を行い、まるで出家者や山伏のようであった。また、読経したり陀羅尼経《だらにきょう》を唱えたりしたので、これを見た人は身の毛がよだつほど怖れた。

（『足利季世記《あしかがきせいき》』）

そのため政元は、澄之《すみゆき》・澄元《すみもと》・高国《たかくに》の三人の養子を迎えていた。しかし、細川氏の家督をめぐり、政元の家臣団は、摂関家《せっかんけ》の九条家《くじょうけ》出身の澄之を擁立する派と阿波《あわ》守護細川家出身の澄元を擁立する派の二つに分裂することになり、内訌が起こったのである。

九月に摂津半国守護代薬師寺元一《やくしじもとかず》は赤沢朝経《あかざわともつね》と結託し、政元を廃立して澄元を家督に据えようと画策して、畠山尚順と通じ反乱を起こし淀城《よどじょう》に立て籠もった。しかし、元一は鎮圧され、捕縛後処刑されている。

同じ年の十二月には、長年の宿敵であった畠山尚順と畠山義英が和睦し、両畠山氏は周防に亡命中の足利義尹派の一翼を担い、細川政元と敵対することになった。このように政元は政権内外において危機的な状況になり、打開策を講じる必要に迫られていた。

永正二年（一五〇五）六月、政元は赤沢朝経を許し、八月に山城上三郡守護代に復帰させるが、今度は、赤沢と対立する澄之派の香西元長《こうざいもとなが》が、九月に半済《はんぜい》（年貢の半分）課税を拒む山科一乗寺《やましないちじょうじ》・高野《たかの》などを焼討し山科郷《やましなごう》を攻撃したため、政元の討伐対象となり嵯峨城《さがじょう》に退いた。

この時期の能登の記録では、

永正元甲子、世の中は飢饉、

二乙丑、世の中は疫病が流行り、人が多く死んだ。能登・越中では土一揆が起こった。
（『永光寺年代記《ようこうじねんだいき》』永正元年・永正二年条）

とあり、深刻な飢饉・疫病を背景に、畠山氏の領国能登・越中では土一揆が起こるなど不安定な情勢だったことが分かる。

## 宗主の動員令が出される

永正三年（一五〇六）正月二十六日、細川政元の命令で赤沢朝経が畠山義英の拠る河内誉《こん》田城《だじょう》を陥落させた。この攻撃の際に、政元は本願寺に赴き実如に対し坊主・門徒の参陣を強く要請している。

政元の要請を断り切れなくなった実如は、摂津《せっつ》・河内の門徒に対して、「細川政元は半ば将軍のように権勢を誇っており、しかも、本願寺にとって友好的な協力者であり、再三辞退したが協力要請が続いたので、各《おのおの》出陣をするように」と指令を出した。しかし、両国の門徒は、「これまで、出陣したこともないし、武具もない。どのようにして突然出陣などできようか。元より、親鸞以来出陣指令が出されるようなことは、当宗にはない。いくら細川政元の要請でも、引き受けることはできない」と拒絶した。その後、数度にわたり、実如の側近下間頼玄《しもつまらいげん》・頼慶《らいけい》兄弟が両国に遣わされ、出陣指令を伝えたが、両国の門徒は「何故、出陣しなければならないのか。まさに親鸞以来なかったことをやるべきなのか。また、宗主の去就についても問題があると度々申し上げている。野村殿《のむらどの》（実如）から政元の出陣要請を命じられても、さりとて、親鸞以来なかったことをやれと言うのか」と最後まで拒否し続けた（『山科御坊事并其時代事《やましなごぼうのことならびにそのじだいのこと》』）。

政元の切々な申し入れを断り切れず、困惑した実如は、加賀四郡から千人を召し上げ、誉田城攻撃に参陣させた。この時の誉田城攻撃時の加賀四郡から動員された千人ほどの兵は、番衆（本願寺の警固を勤めるために順番で上山《じょうざん》した門徒）であったとの指摘がある（井上：一九六八）。そもそも、この時点では、加賀の郡一揆は、まだ本願寺の支配下にはなかったと考えられる（金龍：二〇〇四）。

## 反発する摂津・河内の門徒

誉田城攻撃に加賀の門徒を向かわせたことで、実如は細川政元への義理を果たしたものの、実如にとってさらなる問題が勃発した。実如の出陣指令を峻拒《しゅんきょ》した摂津・河内の門徒は、実如を排斥し、大坂御坊に住する実如の異母弟で蓮如九男の実賢《じっけん》を宗主に擁立しようと図ったのである。これに対し、機先を制した実如は、実賢がこの企てに乗らなかったのを幸いに、首謀者五、六人を破門にした。そのうえで、本願寺から下間頼慶ら二百余人を送り、大坂御坊を接収して、実賢及びその母蓮能尼《れんのうに》、実賢の同母弟実順《じつじゅん》（蓮如十一男）、実従《じつじゅう》（蓮如十三男）を拘束し、大坂御坊から追放した。

蓮能尼は能登畠山氏一族出身であったため、本宗家の畠山尚順は蓮能尼の大坂退去に異議を唱えた。しかし結局、実賢と蓮能尼は、事を荒立てることを回避し、大坂から京都に退去した。ちなみに、『山科御坊事并其時代事』の筆者の実悟《じつご》自身も蓮能尼の所生であったが、当時、加賀の門徒を統轄する異母兄本泉寺蓮悟の養子となっており、永正十年（一五一三）には、一家衆寺院清沢願得寺《せいさわがんとくじ》住持になっている。

実悟は、『山科御坊事并其時代事』で、

> 大坂御坊では、兄実賢が住持であったが、不慮の事態が起こり、大坂の五人の坊主以下が、破門され牢人《ろうにん》となった。この時が、当宗の門弟の坊主以下が武装蜂起する始まりとなった。

と誉田城攻撃を宗主の指令する門末による戦闘の始まりであるとしており、これを真の一向一揆、宗主が命ずるはじめての一向一揆とみなす見解がある（井上：一九六八、金龍：

二〇〇四)。

## 本願寺の宿命

実如が細川政元の要求で摂津・河内門徒に軍事指令を下したことで、彼らの離反行動を招き、ひいては実如排斥と実賢擁立が画策されたのだが、そこには、僧侶に妻帯の風習があるため血縁が重視され、時の宗主との姻戚・血縁関係が教団の実権掌握に多大な影響を及ぼす本願寺の宿命が背景にあったのである。当時の本願寺は、蓮如の一番目と二番目の妻如了尼《にょりょうに》・蓮祐尼《れんゆうに》姉妹（伊勢貞房《いせさだふさ》の娘）所生の蓮綱《れんこう》・蓮誓《れんせい》・実如・蓮淳《れんじゅん》・蓮悟《れんご》の「賢息《けんそく》五人の御兄弟」（『今古独語《きんこどくご》』）が実権を握っていた。

この五人の兄弟の中の蓮淳は、細川政元と畠山尚順・義英との戦いに関して、

大坂殿（実賢）は、万一、細川政元の家臣三好《みよし》が勝利すれば、大変なことになると心配し、畠山方が勝てば安心する。
（「本法寺文書《ほんぽうじもんじょ》」二三『新編武州古文書《しんぺんぶしゅうこもんじょ》』上）

と記している。

蓮淳は、兄実如とともに細川派であったが、異母弟実賢が畠山派であったとあからさまに

言及しているのである。細川氏と畠山氏が敵対する情勢下で、本願寺の主流派は、畠山派を一掃し、細川氏との提携を鮮明にしたのであった。

### 親鸞の教説からの乖離

しかしながら、このような本願寺内部の権力闘争に伴う、宗主の戦闘指令が出された時の、摂津・河内の門徒が拒絶した「親鸞以来、宗主から戦闘指令が出されたことはない」という理由を、単なる口実としてとらえるべきではない。まさに戦闘指令は、親鸞の教説とは全く相容れない異質なものだからである。

確かに河内は、代々畠山氏の領国だったことから、畠山氏との繋がりが強く、河内門徒が政治的思惑から実賢擁立に動いたとも考えられるが、摂津は細川氏の領国である。本願寺が畠山氏支持に転換することで、果たして摂津門徒にとって、どれほどの利益がもたらされるのか疑問である。やはり、実如排斥の主な理由は、開祖親鸞の教説とはかけ離れた戦闘指令を下したことにあると判断すべきである。

一方、実如による戦闘指令に関連し、前住蓮如以来、土一揆的な色彩をもつ門徒農民らの一揆は禁止したものの、その外護者《げごしゃ》（教団を保護・援助する者）と相対立する者に対して戦うことは決して禁じてはおらず、それは戦国末期の石山戦争にいたるまで本願寺の基本的な態度であったとする見解は、正鵠を射ている（井上：一五九七、新行：一九六一）。すなわち、その基底にあったものは、教団第一主義の理念だったのである（辻川：一九八六）。

## 二、永正一揆——北陸の動乱と一向一揆

### 北陸の一揆、政元派として戦う

実如が加賀から兵を動員し誉田城攻撃に参戦させたことで、本願寺は細川政元との同盟関係が鮮明となり、反細川派との戦闘は回避できなくなった。特に北陸では、足利義尹を支持する反細川戦線が結成され、加賀の門末を統轄する本願寺一門の本泉寺蓮悟らと激しく対立し、一触即発の状態になっていった。

前能登守護の畠山義元《はたけやまよしもと》は守護の座を追われ、越後守護代長尾能景《ながおよしかげ》の下に亡命しており、越中守護で反細川派の中心である本宗家の畠山尚順に与していた。この情勢下で、危機感を募らせた本泉寺蓮悟は、次のような檄文《げきぶん》で門徒の蜂起を呼びかけている。

各《おのおの》が知っていることであるが、畠山義元は仏法を絶やそうとする企てを、ここ数年越後の長尾能景と話し合い、既にその働きは歴然となっている。身にかかる熱い火の粉であ

るので、たった一日しか門徒になっていない人を含め、敵の侵攻に対して、悔しがりひどいと感じない人は、誠に情けない人間である。
そもそも、この度、極楽往生という大切なことを約束してくださった、類いない阿弥陀仏の法を絶やされてしまうことは、言い尽くせないほど無念なことである。したがって、我々は長年に渡る阿弥陀仏の御恩への報謝《ほうしゃ》のために、死を賭して戦うことは本望であろう。この時にこそ、志を持つ面々は、如何なる時でも参陣し協力してもらえば、誠にありがたいことである。穴賢々々、

三月十六日　　　　蓮悟（花押）

志人数衆中《こころざしにんずうしゅうちゅう》

（『乗誓寺文書《じょうせんじもんじょ》』）

蓮悟は、門徒に対して自主的な参陣を呼びかけているが、越中方面からの長尾能景・畠山義元の侵攻が現実味を帯びていることを説き危機感を煽っている。そのうえで、阿弥陀仏の恩に報いるために戦うことは、門徒にとって当然の義務でありそれを果たさない者は人ではないとまで述べて、降りかかる火の粉を払うために戦うべきであると強調しているのである。まさに護法《ごほう》を掲げ門徒蜂起を呼びかけた戦闘指令が下されたのだった。ここで、畠山義元と長尾能景は法敵と認定されているが、それは彼らと敵対する細川政元が本願寺の外護者《げごしゃ》であ

ると認識していたことの裏返しである。

この年の記録として、

当年（永正三年）中は、大和《やまと》・河内《かわち》・丹後《たんご》・能登《のと》・美濃《みの》・越前《えちぜん》・加賀《かが》・越中《えっちゅう》・越後《えちご》・三《み》河《かわ》などで、京都から軍勢が出撃したり、一向衆の土民らが蜂起して、合戦が行われ、その戦死者は数が分からないほど多かった。

（『東寺光明講過去帳《とうじこうみょうこうかこちょう》』）

と畿内近国一帯で、細川勢が出陣したことと、一向一揆が蜂起し、多数の死者が出たことが記されている。

また、七月十六日の日記では、

細川政元は本願寺に行った。政元は自身が本願寺から北陸に赴こうとしたが、将軍が本願寺に向かい慰留したので、延期となった。

（『宣胤卿記《のぶたねきょうき》』永正三年七月十六日条）

とあり、政元自身が北陸に進軍しようとしたが、十一代将軍足利義澄の説得で思いとどまっている。当時の政元と実如との深い繋がりの一端を知ることができる。

## 寺社本所領還付のスローガン

越中では、機先を制した加賀一揆勢が奇襲攻撃をし、守護方の国人を国外に追い払い、一時越中一国を征圧した。しかし、程なく越後の長尾能景の支援を得て、四月には守護方の国人は帰国し、一揆勢と激闘が開始されることになる。この時、一揆勢は長享一揆（加賀の一向一揆時）と同じように、寺社本所領還付のスローガンを掲げている。

これは、一旦荘園を荘園領主の直務地《じきむち》（荘園領主が、直接荘園を支配する地）に戻すというこという形をとることで、守護畠山方の荘園支配を排除し、地下請《じげうけ》（村が年貢納入を請負う見返りに、荘園領主に自治の拡大を求める）を行うか、反守護方・非守護方の国人が代官となり年貢徴収・納入を請負うことをめざすものである。これにより、非門徒を含む反守護勢力の協力・結集を期待したものと考えられる。つまり、一揆方が勝利すれば、守護方の欠所地《けっしょち》（没収地）が大量に発生することになり、その実質的な支配権を一揆方が奪い取ることを正当化するための論理である。換言すれば、あくまで欠所跡職獲得のための方便として掲げられたのである。

この寺社本所領還付のスローガンは、長享一揆と永正一揆の時のみに登場し、それ以降は用いられていない。これは、荘園の代官となり支配権を獲得する手段として、既存の権力である荘園領主に一旦返還する手順を経なくても、現地の一門寺院や有力門徒の元に獲得できうる状況へと変化したからであるとの指摘がある（金龍：二〇〇四）。

## 長尾能景の敗死

八月以降、加賀一揆勢は苦戦を強いられ、越中西部まで後退していた。そして、越後守護代長尾能景も一揆勢と戦うために越中に出陣したが、九月十九日の砺波郡境の芹谷野《せんだんの》の戦いで戦死してしまう。そのため、長尾勢と砺波郡守護代遊佐慶親《ゆさよしちか》は、越後に敗走することになる。

能景戦死の理由を、跡継ぎの長尾為景《ためかげ》は、畠山尚順が非協力的で特に射水・婦負郡守護代神保慶宗《じんぼよしむね》がその役割を果たさなかったためだとしている。これが後々まで、為景の慶宗に対する遺恨となり、慶宗討伐戦へと繋がっていく。一方、神保慶宗は加賀一揆勢と協調関係を保っていった。能景が戦死し越後勢が敗退した後の越中では、しばらくは大規模な戦闘は行われず、一揆方が影響力を伸張させていったと考えられる。

この一揆蜂起に危機感を抱いた能登畠山氏では、その対応に迫られていた。その結果、越後に亡命していた義元と守護の慶致《よしのり》兄弟の間で和睦が成立し、義元が守護に還任《げんにん》して慶致の嫡子義総《よしふさ》が次の守護になることが決められた。

## 戦禍を被る住民

永正一揆による住民への影響を知る手がかりとなる史料として、十一月十一日付と十一月二十八日付の鹿王院《ろくおういん》宛常仙《じょうせん》書状（年代は確定できないが、永正三年以降と推定される）があり、越中新川郡井見荘《いみのしょう》について具体的な報告がなされている（『鹿王院文書』）。この二通の書状では、「永正一揆で、農民らも一揆を起こしている」「永正一揆以来、農民らは不作と称して、荘園支配に必要な関係書類を紛失したことを理由に、年貢未進を続けている。また、一揆らは山中に籠もり還住《げんじゅう》（元の地に戻る）しない」と書かれている。

この井見荘の農民の行動について、一向一揆征圧下で独自の一揆行動を展開し、逃散《ちょうさん》（年貢減免などの要求を通すために、村が団結して耕作を放棄し、他領や山中に一時的に退去するなどの方法で抵抗したこと）に訴えているとし、彼らを本願寺門徒とはみなせないとする分析がなされている。すなわち、永正一揆の戦乱で、生活基盤を破壊された辛苦する農民らの追い込まれた行動であるとの見解であり（久保：一九八三、富山県：一九八四）、戦乱により荒廃した戦場における住民生活の一端を窺い知ることができる一例である。

十一月十五日付の実如感状と側近の下間頼慶・頼玄兄弟の添状《そえじょう》が、それぞれ越中坊主衆と越中四郡に下されたが、その中で越中坊主衆は加賀本泉寺蓮悟の指令に従うことや、越中四郡（越中一国の門末）は、本泉寺蓮悟の軍事指令下で城を構築することを命じられている。対畠山・長尾戦では越中が主戦場であったが、一揆勢の主力は加賀勢であり、越中の本願寺一家衆勝興寺・瑞泉寺は本泉寺の統制下にあり、越中の門末も本泉寺蓮悟指揮下の加賀衆に含まれていたのである。

## 一揆、朝倉勢に大敗する

ところで、朝倉貞景《あさくらさだかげ》の領国越前でも、同年七月十四日に加賀一揆と呼応した一向一揆が大《おお》野郡《のぐん》で蜂起している。一揆勢には、朝倉氏との覇権争いに敗れ加賀に亡命していた越前の元守護代甲斐《かい》氏《し》の残党が加わっていた。また、既に加賀で教線を拡大していた越前の本願寺派有力寺院本覚寺と超勝寺は、加賀同様に越前での勢力拡大を目論んでいた。つまり、加賀から越前に侵攻を試みた一揆勢は、反細川政元派と戦う目的だけで蜂起したのではない。まさに永正一揆は、利害関係が異なる諸勢力が各地で蜂起したものであり、複雑な要因が絡み合っていたのである。

加賀一揆勢は大野郡から侵攻し、赤坂《あかさか》・豊原《とよはら》・岩屋《いわや》などで朝倉勢との戦闘を繰り返し、七月末に九頭竜川《くずりゅうがわ》を挟み朝倉勢と対峙した。圧倒的な兵力を持つ一揆勢に対して、朝倉勢は八月六日に奇襲攻撃を仕掛け大勝利を収め、一揆勢は加賀に敗退した。越前侵攻時の一揆方の死者は、一万人に及んだという。また、この戦乱で戦場となった九頭竜川北岸の吉田郡の禁《きん》裏御料所《りごりょうじょ》（天皇家の荘園）河合荘《かわいしょう》では、住民の家が全て焼かれてしまい荒廃し、年貢納入ができない状態になってしまった。

翌永正四年（一五〇七）八月にも加賀一揆勢や加賀に亡命した大坊主（有力寺院の住持）が越前侵攻を試みるが、帝釈堂《たいしゃくどう》の戦いで朝倉勢に大敗し、大将の玄忍《げんにん》（玄任）が討捕られている。加賀一揆勢の侵攻を阻止した朝倉貞景は、一向宗（真宗本願寺派）を禁制とし、吉崎御坊や越前国内の本願寺派寺院を破却し大坊主を国外追放処分とした。そのため、本願寺派の有力寺院は、寺基を加賀・越中などに移転させることになり、越前に戻れたのは六十年以上後のことである。また、越前と加賀の国境の通路である北国街道《ほっこくかいどう》・海上航路は封鎖されてしまった。この永正四年（一五〇七）には、本願寺を揺るがす大事件が、幕府で起きていたのである。

## 三、永正の錯乱《さくらん》――細川政元暗殺とその後の権力闘争

### 細川政元暗殺

永正四年（一五〇七）六月二十三日の夜、細川政元は、家督を狙う養子の澄之や家臣の香西元長・薬師寺長忠《ながただ》らの謀略により風呂で殺害された。この報を受けた実如は、混乱の中、本願寺が置かれていた山科から急遽退去している。実如の逃亡先について本願寺内で内々に話し合われ、大津経由で船で堅田に行くことが決定された。その際、甲冑をつけた警固の人数五六十人が船に並ぶなど、反政元派の襲撃を怖れていた。

翌二十四日に実如は堅田にたどり着き、二十五日には親鸞木像が到着している。この実如の慌ただしい行動は、政元との深い関係の裏返しである。実如は自身が政元派の巨頭として、反政元派から報復される可能性が高かったことを自覚していたとみなせる。実如が山科に戻るのは、二年後の永正六年（一五〇九）三月だった。

細川政元を暗殺した細川澄之派は一時京都を占拠した。しかし、政元の他の二人の養子である澄元と和泉守護細川家出身の高国《たかくに》が連合し、八月一日に澄之と香西元長・薬師寺長忠を攻め滅ぼしている。その後、澄元が十一代将軍足利義澄の元で細川氏本宗家の家督を継ぐが、澄元家臣で阿波《あわ》出身の三好之長《みよしゆきなが》が一躍台頭することになった。

## 細川高国・大内義興《おおうちよしおき》連合政権

京都での相次ぐ政変・覇権争いの状況下で、周防の大内義興を頼り再起を図っていた前将軍足利義尹が、上洛の機会を窺っていた。澄元は、高国を遣わし義尹との和睦交渉に当たらせようとするが、三好之長の勢力増大に不満を抱いた畿内の諸勢力が高国の元に結集しており、高国は伊賀《いが》に出奔《しゅっぽん》した。

高国は畠山尚順と結び、義尹擁立に動くことになる。永正五年（一五〇八）四月、大内義興の軍勢を伴い義尹は堺に到着し、将軍義澄と澄元・三好之長は近江に出奔した。六月に義尹は上洛を果たし、七月に将軍に復帰する。

義尹は、高国を細川氏本宗家の家督継承者とし管領に任じ、そして大内義興を山城《やましろ》守護に任じた。永正六年（一五〇九）十月に、近江に逃亡中の足利義澄が義尹暗殺を企み刺客を放ったが失敗している。その二年後の永正八年（一五一一）八月には、義澄が近江で急死し、その直後に細川澄元が阿波《あわ》から攻め入ったが、京都船岡山《ふなおかやま》の合戦で高国・義興に撃退されてしまう。この戦いで、将軍義尹を推戴する高国・義興連合政権は強固なものとなった。

先述のように、この間、実如は永正六年（一五〇九）三月に、近江堅田から山科に戻っている。将軍義尹からは実如に対して特に処分はなされておらず、本願寺は高国・義興連合政権支持の立場に立つことになったのである。

永正五年（一五〇八）には、

永正五、越中の牢人と越後の長尾勢が、一向衆と合戦をした。

（『東寺過去帳』）


という記録があり、長尾為景と加賀一揆勢との間で戦闘が行われたことが書かれている。

これは、大規模な戦闘には発展しなかったようである。

## 法義《ほうぎ》軽視と実利優先の現実

ところで、一章六節で触れたように、加賀では土豪層らに組織された組が結成されていたが、永正一揆の頃ころから各地域で多く成立し整備されていった。この過程で組は、本願寺一家衆寺院の本泉寺・松岡寺・光教寺・願得寺を軍事・財政面で宗教的勤仕《きんし》という形をとりながら支えていく門徒組織へと変貌していった。また、組の地域的な分布・区画や呼称は、四郡でそれぞれ異なっていた。

一方、永正十年（一五一三）以降、実如は加賀の郡に対して指示・指令を下すようになる。その初見は、河北郡中と江沼郡中に宛てた書状の写である。

加賀の国の至る所で抗争が起こっていると聞き、驚いている。先年にも申し下した道理に反することは、とんでもないことである。しかしこのことは、法義（仏法の教え）を理解しようとする姿勢がないことが原因であると嘆かわしく思っている。今後は、自分の不満を抑え、法義に則り皆が仲良くし協力しあい、阿弥陀仏の救済を信じきることができれば、ありがたいことである。穴賢々々。

七月二十五日　　実如御判

江沼郡中へ河北郡中へ同前、

（『六日講四講并所々御書《むいかこうしこうならびにしょしょごしょ》』）

この時期までに、加賀の現地では本願寺の門徒が増大の一途をたどり、本願寺及び一家衆寺院の勢力が一層伸張していった。それに伴い、本願寺は守護に代わり荘園の押領を抑止できる存在として、幕府・荘園領主から期待されるようになり、やがて、郡も本願寺の指令下に入ることになる。しかし、実如が憂慮するほどの抗争が起こっていたのである。

同日付で、実如は加賀一家衆に対して、加賀国内の争乱に触れ、

先年にも郡へ書状を送り誡めたが、全く聞き入れることがなく、ただ自分の利欲をむさぼることばかり考えている。これは、法義を理解する姿勢がないからであり、嘆かわしい。どんなに、それぞれが不満を抱いたとしても、同行中《どうぎょうちゅう》（信者同士）は、お互いに我慢することこそが、仏法を信じる証である。（『加州御教誡御書《かしゅうごきょうかいごしょ》』）

と、同行同士の抗争に強い危惧を抱いている。

さらには、実如は八月二十八日付の本泉寺蓮悟宛の書状（『加州御教誡御書』）で、一味同心《いちみどうしん》（力を合わせ協力すること）を説いた書状を郡に遣わしたにもかかわらず、聞き入れることなく、利欲に走りあまつさえ相手が同行であろうと殺害している状況について触れている。そして、

親鸞の考えとは相違し、このような人間は、仏法を破滅させる人であると嘆いたのだった。加えて、この書状では、特に北二郡（河北郡・石川郡）が、前住蓮如の時代から法義に対して無関心であり、本願寺宗主がいくら勧めても講《こう》（信仰組織）を結成する気がさらさらないことを悪行と決めつけ、もってのほかと強く非難をしている。そのうえで、このような状態が改善されていないことについて、加賀の現地の責任者である弟の蓮悟に対し、悪行をなす輩と結託しているのかとまで難詰しているのである。

ここで、「利欲にむさぼりふける」という表現から、永正一揆時に欠所跡職（没収された所領の各職に応じた得分＝収益）の争奪戦が激化していたと考えられる。特に、同行同士であっても構わず争い殺し合いがなされ、北二郡では法義に関していい加減であり続けていると宗主実如が嘆いていることが注目される。北二郡の構成員の関心事は、あくまで欠所跡職の獲得だったのである。

欠所跡職争奪戦の渦中にいた本泉寺蓮悟は、兄の実如から悪行に加わっているのかと問いただされているが、なすすべがなかったのが実情であろう。本願寺の指令下に入ったものの郡、とりわけ北二郡の実情は、法義を理解する意思はなく、欠所跡職獲得という実利を得んがために、方便で門徒化していたといえよう。

## 実如の改革

永正十五年（一五一八）に、実如は北陸の門末に対して三箇条《さんかじょう》の掟《おきて》を出した。この内容は、

一、攻戦・防戦・具足懸《ぐそくかけ》の事＝本願寺が認めない独自の判断による武力行使の禁止
二、贔屓編頗《ひいきへんば》の事＝権力抗争の禁止
三、年貢所当無沙汰《ねんぐじょとうぶさた》の事＝納税拒否闘争の禁止

の三箇条からなるが、既にそれ以前に、実如が抗争を止めるように指令したにもかかわらず従わなかったので、改めて紙面に書き上げ通達したのである。現地の者たちは相談し、これを守ることを約束する連署状を提出した。実如は納得し、処罰者を赦免し、翌永正十六年（一五一九）に、後嗣《こうし》とされた円如《えんにょ》・実如の弟蓮誓・蓮淳が話し合い、正式に決定された。

## 一門一家制

同じ時期に、実如は一門一家制を定め、宗主を頂点とする本願寺一族の身分を制定した。これは、宗主の兄弟を連枝《れんし》とし、その子孫は嫡男《ちゃくなん》のみが一門で、それ以外は一家衆とするものである。ただし例外措置として、加賀の願得寺実悟と越中勝興寺実玄《じつげん》・伊勢願証寺実恵《じつえ》は、

一代限りの一門とされた。これにより、連枝・一家の優位を確立し、諸国坊主衆への統制・監督を強化したものと思われる（井上：一九六八）。もともと、前住蓮如自体が、食事の際に一家衆の椀を他の者が使うことを厳禁したという挿話（『本願寺作法之次第《ほんがんじさほうのしだい》』）があるなど、近親者を特に重視していたのだった。さらに、実如は、これ以上一家衆による一族寺院の増加を防ぐために、新たな寺院創設を禁じた。

一連の掟制定や改革により、本願寺における宗主の家父長としての権限が強化され、特に軍事指揮権は宗主のもとに一元的に集中されることになった。しかし、現実的には、連枝が宗主の代理人として軍事指揮権を独占することになる。そしてこの時期に、永正一揆以来、封鎖されていた越前と加賀の国境の通行が再開された。

## 加賀での対立

しかし、一門一家制は、加賀における新たな火種となる。連枝として格付けされた加州《かしゅう》三ヶ寺《さんかじ》＝本泉寺蓮悟・松岡寺蓮綱・光教寺蓮誓《れんせい》の統制力が増していく一方で、加賀に亡命中の超勝寺・本覚寺にとっては、権限抑制に繋がることになったのである。両寺は、先述のように（一章六節）、加州三ヶ寺よりも以前から、加賀で教線を伸張させ影響力を維持し続けていたのだが、本願寺宗主連枝の加賀一門の優越が確立されたことにより、劣位に立たされることになったのである。

本覚寺蓮恵《れんえ》は不満を抱き、本泉寺蓮悟と対立する。この対立は激化し、永正十五年か、本泉寺蓮悟と本覚寺蓮恵が争論を起こした。このことは、本泉寺蓮悟から実如へ報告され、言語道断の違反行為として、勘気《かんき》の処分（破門）とされた。

（『塵拾鈔《じんしゅうしょう》』）

その後、本覚寺蓮恵は、西光寺《さいこうじ》を通じて本泉寺蓮悟に詫びを入れ、ようやく蓮悟の口添えで、宗主実如から勘気を解かれることになる。大坊主の本覚寺蓮恵が宗主の連枝本泉寺蓮悟の圧倒的な権威を思い知らされた事件であった。

一方、次期宗主として父実如を補佐していた円如は、継職前の三十二歳で実如に先立ち死没するが、その際の実如への遺言について、

本願寺を滅亡させるのは超勝寺実顕《じっけん》である。円如が生きていれば、このことについて話合われただろうが、生死についてはどうすることもできなかった。円如は、実顕にはくれぐれも油断しないようにと言い残した。

（『反故裏書《ほごうらがき》』）

とあり、超勝寺実顕を強く警戒したという。

そもそも、一門一家制は、母方の血縁関係を重視する本願寺にあって代々宗主の代かわりごとに姻戚関係が変更されるに伴い、宗主との親疎もその都度変わるという不安定な一面を当初から抱えていたのである。本願寺における宗主一族の立場は、あくまで宗主との親疎に関わっていたのであった。それは、蓮如の子息の一門も例外ではない。

果たして、実如の死後に、孫の証如が宗主になると、その母方の伯父にあたる超勝寺実顕が台頭することになる。やがて、加賀の一門寺院は、超勝寺と本覚寺、ひいては本願寺と対立し没落し、加賀から退転する羽目になるのであった。

本願寺が提携していた細川政元が暗殺された後に、実如は宗主を頂点とする教団の立て直しを図ったことをみてきたが、本願寺や加州三ヶ寺（加賀一門寺院）と加賀の近隣諸勢力との関係は、どのようになっていったのだろうか。その鍵を握ったのは越中の情勢だった。

## 四、大永《だいえい》一揆

### 長尾為景の越中侵攻

永正十一年（一五一四）五月には、三ヶ国（越後・能登・越中カ）から加賀に軍勢が侵攻するとの風聞が本願寺に伝わっており、実如は北陸の情勢に危機感を抱いている。越後では、前年に守護上杉定実《うえすぎさだざね》を幽閉した守護代長尾為景が、この年に守護方との戦いに勝利して、実質的に領国支配の権限を行使する立場を鮮明にしていた。一方、既述のように、永正一揆後に越中では、守護代神保慶宗が加賀一揆勢と協調関係を維持し続けていたが、やがて守護畠山尚順と対立することになる。

永正十五年（一五一八）、尚順は畠山義英の子息勝王を神保慶宗討伐の総大将とした。勝王は長尾為景に出兵要請をし、これに為景は応じた。尚順は、為景の出兵に際して越中の一郡を与えることを約束する。また、管領細川高国も加賀の奉公衆五十余人に、慶宗討伐を命じた。この時、本願寺の加賀一門寺院は、慶宗討伐戦において慶宗には味方をしないと非関与の立場を表明している。

永正十六年（一五一九）、長尾為景は越中侵攻を開始し、十月に境川合戦《さかいがわがっせん》で神保慶宗勢を撃破した。その後、慶宗が籠もる二上城《ふたがみじょう》を包囲し落城寸前まで追い込んでいる。しかし、為景は畠山勝王・能登守護畠山義総勢との連携がままならず、結局、二上城を攻略できずに、一旦、越後に撤兵することになる。

翌永正十七年（一五二〇）六月、長尾為景は対神保慶宗戦のために越中に再侵攻した。この時も、畠山尚順が事前に本願寺の加賀一門寺院と中立の約束を取り付けている。為景は快進撃をし、八月までに神保方の境川城《さかいがわじょう》を攻略し、新川郡を征圧した。そして、神保慶宗討伐のために越中で越年の覚悟であることを述べている。

## 総力戦の指示が下される

実如は、為景の越中侵攻に中立の立場をとっていたが、戦いの推移を気にかけていた。八月一八日の本泉寺蓮悟宛書状写では、

長尾為景が越中に乱入したことについて驚いている。きっと様々な風聞があると思われるが、万が一、加賀にも攻撃を仕掛けてきたら、為景が法敵であることは明白になる。その時には、女・子どもにいたるまでも、矢を拾って命を捨てる覚悟がない人々は、嘆かわしいことである。既に阿弥陀仏の救済の誓いを信じて疑わない人は、いかなることになり死んだとしても、それは、前世から決まっていることである。往生という一大事

は、阿弥陀仏を敬い信じて従った時に約束されることであるので、一切疑ってはならない。仏法のためには命を惜しんではならない。このことを各々へ対して、志を同じにして力をあわせるように、繰り返し伝えるべきである。その後、申し伝えていないのではと思い、ただ今、申し伝える。

（『加州御教誡御書』）

とあり、越後勢が加賀に侵攻してきた時には、女性・子供までを含め総動員で迎撃体制をとることを指令しており、その際に護法のための戦いで死を怖れるべきではないとの論理を展開している。協調関係にあった神保慶宗が敗れた場合には、長尾為景と直接対峙せざるをえなくなるという危機感を強く抱いていたのであった。

実如が危惧したように、十二月二十一日に神保慶宗は長尾為景に総攻撃を仕掛けたが、激戦の末に大敗し滅亡する。これにより、越中は為景に平定された。翌年の永正一八年（一五二一、八月に大永に改元）二月、為景は亡き父能景に倣い越後で一向宗禁制を布告する。同月本願寺は、飛騨照蓮寺とその姻戚の有力武将内島氏や奥美濃郡上安養寺《ぐじょうあんようじ》に対長尾戦に備えるように依頼・指令している。

## 法＝正義の戦い

七月八日には、実如は越中出陣のために内衆《うちしゅ》（主人の身の回りの世話をする使用人、主人に隷属する身分の家来・奉公人）の江守《えもり》らを派遣することを加賀四郡に通告し、相手は法敵なので皆が全力で戦うべきことを命じた。また、同日付の円如の添状も加賀に下されたが、それには、「何事も現世は仮の世であり、来世に浄土に往生することが大切なことである。生まれた時に、死期は定まっているのであるから、たとえ矢に当たって死んだとしても、今更驚くべきことではない」、「各々の念力（信心の力・念仏の力）によって、法敵も必ず退くことは疑いない」と鼓舞する文言が記されている（『六日講四講并所々御書』、『加州御教誡御書』）。実如・円如父子は、往生の重要性を説きつつ、護法の戦いで命を惜しんではならないことを強調しているのである。「三箇条の掟」は、宗主が指令する護法の戦い自体は禁止していないことが確認される。

## 対長尾・能登畠山戦

同月に、本願寺一門の本泉寺蓮悟が指揮する加賀一揆と長尾為景・能登守護畠山義総との間で、越中・能登を舞台とする戦いが始まった。翌年の大永二年（一五二二）に、細川高国の斡旋により和睦交渉が進められていたその最中に、加賀北二郡が本泉寺蓮悟に断りなく戦場の能登から帰陣してしまう。実如は、この件に関して、本泉寺蓮悟と北二郡にそれぞれ五

月十六日付の書状を送っている。北二郡宛の書状では、

去年越中の戦いでは、忠節・武功は比類ないものであり、ありがたいことである。しかし、この度の能登での動きは、仏法・世間に相違し、言語道断のことである。それは、数年間に及ぶ法義に関する偽りの考えが表面化したものと思われ、まことに残念である。細川高国の申し入れにより和睦を命じたが、北二郡が相談をせずに勝手に撤兵したことで、本泉寺蓮悟が面目を失ったと聞き及んでいる。これは加賀の弱体化に繋がりかねず、皆々が情けない考えを抱いており、甚だしくとんでもないことであるが、この度のことは差し置き、今後は仏法《ぶっぽう》と王法《おうほう》（信仰と世俗）の関係を明確にし、改心せねば覚悟すべきである。

（『六日講四講并所々御書』）

と記している。

実如は、加賀北二郡の独断による能登からの撤兵について、指揮官の本泉寺蓮悟の面目を失わせ、ひいては加賀の弱体化になりかねないことを指摘しているが、彼らが法義を十分に理解していないことを理由にあげ、改心することを強く促している。しかし、一方では、今

回の撤兵については、不問にすると言及しており、北二郡の独自の軍事行動に対して強い態度にでず譲歩しているのである。ここに至っても、実如・蓮悟の北二郡に対する統制力の限界性がしられる。

八月には実如は、法敵との戦いと位置づけた越中・能登での加賀四郡の奮戦を賞する一方で、加賀で協力体制が構築されていないことを嘆き、以後は防衛戦に徹することを指示した。そのうえで、加賀四郡で仏法と王法について一層申し合わせるように促している。加賀南北両郡は、戦闘に参加し活躍したものの、利害が錯綜し、まとまっていないことが窺える。

大永三年（一五二三）春に本願寺・加賀一揆と長尾為景との間で和睦が成立した。その結果、越中は畠山本宗家《ほんそうけ》の領国であることが再確認され、長尾為景の新川郡守護代就任が追認された。一方、この戦乱を経て、本願寺一家衆寺院の瑞泉寺と勝興寺が越中門徒に対する指導的立場を確立することになる。同年三月に、実如は、前年九月に本泉寺蓮悟経由で伝えられた「三ヶ条の儀」を北二郡・南二郡が了承したことを賞している。この三ヶ条とは、永正十五年（一五一八）に制定された「三箇条の掟」と考えられる。

## 変わらぬ加賀北二郡

同年十一月には、実如は本泉寺蓮悟に、加賀北二郡へ伝達すべき「五ヶ条の掟」を下した。

その書状（『加州御教誡御書』）の書き出しの部分では、

加賀国の衆は皆が心得が悪いと聞き及んでいるが、きわめて困ったことである。とりわけ下二郡（北二郡）は、以前から法義を正確に理解することがないので心許ない。ことに、この両年は対面して詳しく勧化《かんげ》することがなかったので、心配であり法義について一書にまとめたものを申し下す。これを丁寧に伝えるように。

とあり、この「五ヶ条の掟」は主に北二郡を意識して出されたものといえる。この中で、聖俗に関して口先だけでなく本気で改心せねばならないことを説き、老若男女を問わず、一致団結することを強く指示している。

翌年十一月十五日付の本泉寺蓮悟宛の実如の書状によれば、加賀の国衆《くにしゅう》は以前上洛した折に、実如に直接会って丁寧に勧化を受け、法義を理解した。そのうえで、加賀四郡から遵守する旨の返事が来ていた。しかし、悪事ありとの風聞が実如の下に届いており、実如は蓮悟が「三ヶ条」（三箇条の掟）を基本に責任を持って対処することを指令した。そのうえで、もし適切な処置ができない場合は、蓮悟の落ち度となると通告している。ここでも「三箇条の掟」の徹底が図られているのである。

このように、「三箇条の掟」の中心的課題である、所領をめぐる争い・年貢未進に関わる私的な解決は止むことなく、私闘（自力救済《じりききゅうさい》）が続いていたといえる。ここに本願寺宗主実如も統制しきれない加賀国人の自立性が改めて確認される。ただし、江沼郡中が永正八年（一五一一）五月に蓮如忌《れんにょき》の志三万疋を本願寺に送っているように（『六日講四講并所々御書』）、南北両郡やそれぞれの各郡の自立性の度合いは一様であったとは断言できない。また、加賀の現地における責任を問われている本泉寺蓮悟も、意図的に実如の指令を履行しなかったのではなく、宗主の意思を伝え、法義を徹底させることすらおぼつかず、有効な手立てを講ずることができなかったのだろう。この状況は「三箇条の掟」が最初に布告された時期と変わっていない。

## 実如の憂慮

二年後の大永五年（一五二五）には、実如はその死に際して、改めて以下の三ヶ条を定めた（『本願寺作法之次第』）。

・諸国の武士と敵対してはならない。何れの国の守護らとも友好関係を築き折り合いをつけよ。諸国の仏法を親鸞の本来の志のようにせねばならない。

・所領をめぐる争いを止めるように決められた以上、一族・使用人に所領の支配を命じてはならない（所領に関わる相論の禁止）。
・世間の法や慣習を守り、仏法については親鸞の時代のように心がけるように。

この三ヶ条は、蓮如以来の王法為本《おうほういほん》（世俗の法や習俗を第一義としたうえで、内心で阿弥陀仏への信心を持つ＝現世の秩序に従い、真宗の発展を図ること）を強化することで、所領への野心をとどめ、武士と敵対し戦うことを戒めたものである。その目的は、本願寺教団の破滅をさけるためであった（紙谷：一九六一）。結果的に実如の死の間際においても繰り返し出され、徹底が図られた「三箇条の掟」は空文化しており、実効性は伴っていなかったのであった。所領をめぐる争いは止むことなく、加賀、特に北二郡の混乱は終息せず、実如の目的はついに果たされることはなかった。

## 自立する北二郡

遙か後年の明暦《めいれき》元年（一六五五）に加賀藩二代藩主前田利常《まえだとしつね》は、往事をふりかえり領国加賀・能登・越中に関して、以下のように述懐している。

この三ヶ国は一揆が盛んであり、織田信長の時代には本願寺門跡顕如《けんにょ》が信長に敵対して、北国の一揆が蜂起した。そこで信長により所々に城主が配置されたが、加賀・越中は特に百姓の性根が悪く従順ではなく国主も手を焼いていた。能登ではそれほどでもなかった。とりわけ石川・河北郡はことのほか反抗的な者どもであり、何かにつけて山に籠もって抵抗をしたので、早々に包囲した。そのことについて、石川・河北郡は世間でも荒々しいと言われていた。そこで佐久間盛政《さくまもりまさ》と柴田勝家《しばたかついえ》が配置された。勝家と盛政は叔父と甥の関係であったので、連携して支配に当たった。越中は佐々成政《さっさなりまさ》に、能登は父前田利家《としいえ》に与えられた。その後、三ヶ国は当家の領地となり、父利家・兄利長《としなが》は油断なく厳しく支配を行い、我々の代になると、次第に沈静化したが、領国支配に関わることなので、反抗する百姓の首を刎ね、磔にするなど厳しく対処したため次第に従うようになり、その後は心配する事態には至っていない。しかし、油断はできない。（『御直言覚書《ごじきげんおぼえがき》』）

北二郡の一揆構成員、特にその基層の百姓らの自立性は、近世初期まで続いていたのであった。もとより、彼らは護法のために抵抗したのではない。

### 実如の死

実如は、この年の正月十日に孫の証如《しょうにょ》へ住持職《じゅうじしき》の譲状《ゆずりじょう》を書き与えた。前述のように次期宗主として実如を補佐していた円如が、永正十八年（一五二一）八月に没していたため、円如の子息証如が後嗣とされたのである。二十八日には、最も信頼を置く実円《じつえん》・蓮淳・蓮悟・蓮《れん》慶《けい》・顕誓《けんせい》の五人（伊勢《いせ》貞房《さだふさ》の娘＝如了尼・蓮祐尼姉妹を母、祖母とする兄弟・子息・甥）を枕頭に召し寄せ、「顧名の五子」（臨終の際に命じられた近親者五人）として協力しあい証如を支えるように後事を託している。

これは、実如と血統が近い兄弟・子・甥の結束により、本願寺の維持をめざしたものといえるが、次の証如の代には、宗主との姻戚関係・血統の遠近が変更され、五人の結束は崩れ去ることになる。ひいては、戦国期の本願寺教団の最大の内紛（本願寺史料研究所：二〇一〇）に繋がり、加賀も争乱の渦に巻き込まれていくのである。

数日後の二月二日に実如は没した。享年六十八歳であった。

## 五、第二章のまとめ

この章では、蓮如の跡を継いだ実如が、教団第一主義の理念の元で、宗主の権限強化に基づく教団の維持・拡大及び、加賀の統制を試みた過程をみてきた。しかし、かえって、血統の理論に基づく宗主一族の身分制度制定により、本願寺の内部矛盾を露呈させる原因を作ることになった。また、宗主としてはじめて一揆に対して戦闘指令を下したが、大永一揆時（対長尾為景戦）には、子息の円如とともに、護法のためには一命を賭して戦うことを強調することになる。護法の戦い（仏敵との戦い）は、前章でも述べたように、前宗主蓮如も文明六年（一四七四）に一度だけ認めていたが、それが一段と強化されたのだった。しかも、その本質は、領土争いであるとの見方もできる（神田：二〇〇七）。

一方、加賀、特に北二郡の構成員にとっての最大の関心事は、欠所跡職の獲得であり、依然、これこそが、彼らを戦いに駆り立てた源泉だったのである。実如の時代に、土豪層らにより構成されていた組は、門徒組織へと変化していったが、北二郡では、実如が再三にわたり通達した法義の理解の徹底がなされることはなく、実利のためには門徒同士の殺し合いも行われていたのだった。存外、北二郡の構成員は、戦いの本質（領土争い）を見抜いていたのかもしれない。

このように、法義を重視し強調する宗主実如と実利を追い求める加賀の現地、特に北二郡との乖離は蔽《おお》うべくもなかった。郡は本願寺の指令下に入ったものの、その自立性は高かったのである。これは、本願寺による加賀の統制強化がなされた次代宗主証如の時代に至る、過渡期の様相だった。

## 参考文献

浅香年木『北陸真宗教団史論　小松本覚寺史』（能登印刷・出版部、一九八三年）
池享・矢田俊文編『増補改訂版上杉氏年表　為景・謙信・景勝』（高志書院、二〇〇七年）
井上鋭夫「大小一揆論」（『真宗史研究会編『封建社会における真宗教団の展開』山喜房佛書林、一九五七年）、『一向一揆の研究』（吉川弘文館、一九六八年）
片山伸「加賀一向一揆における成敗権の性格について―「三箇条掟」をめぐる考察―」（『仏教史学研究』二七巻二号、一九八五年）
紙谷寿恵子「本願寺と戦国武士―永正年間を中心に―」（『史艸』二号、一九六一年）
神田千里『日本の中世11戦国乱世を生きる力』（中央公論社、二〇〇二年）、『戦争の日本史14一向一揆と石山合戦』（吉川弘文館、二〇〇七年）
木越祐馨「堺真宗寺所蔵「加州御教誡御書」について」（『加能史料研究』一三号、二〇〇一年）
金龍静『一向一揆論』（吉川弘文館、二〇〇四年）
久保尚文『越中中世史の研究　室町・戦国時代』（桂書房、一九八三年）
小山利明「山城守護代香西元長の文書発給と山城支配」（『十六世紀史論叢』八号、二〇一七年）
新行紀一「永正三年一向一揆の政治的性格」（『史潮』七七号、一九六一年）
辻川達雄『本願寺と一向一揆』（誠文堂新光社、一九八六年）
富山県『富山県史』通史編Ⅱ中世（富山県、一九八四年）

福井県『福井県史』通史編2中世（福井県、一九九四年）
福井市『福井市史』通史編1古代・中世（福井市、一九九七年）
本願寺史料研究所編『増補改訂本願寺史』第一巻（本願寺出版社、二〇一〇年）

# 第三章　証如《しょうにょ》の時代——本願寺教団の内紛・本願寺焼亡

## 一、享禄《きょうろく》の錯乱《さくらん》——本願寺教団の最大の内紛勃発す

### 超勝寺実顕と下間頼秀《しもつまらいしゅう》の台頭

実如の死後、証如の父円如から警戒されていた一家衆超勝寺実顕が加賀で台頭していくことになる。前章でも触れたが、宗主の代替わりにより、その姻戚関係・血縁の遠近が改変されていった。超勝寺実顕は、証如の母方の伯父（妻が、証如の生母の姉）にあたり、三等親として宗主に近接することになったのである。逆に前住実如の二等親だった加賀一門の本泉寺蓮悟らは、新宗主にとって四等親へと後退する。一方、本願寺内では、内衆下間氏嫡流の頼秀が、宗主の代表奏者《そうしゃ》（主人である宗主への取次をする側近、家老）として勢力を拡大させていた。

享禄の初めの頃から、下間頼秀が加賀の寺社の所領に関する依頼を直接扱うようになり、それればかりか越中の太田保《おおたほ》を領有しようとする企てが起こった。また、超勝寺実顕は、加賀一門寺院や郡一揆による成敗（政務の決定）を無視し、何度も本願寺に加賀一門寺院を讒訴《ざんそ》したという。…（中略）…既に越中の神保《じんぼ》氏・椎名《しいな》氏の支配地まで奪おうと望む者が出てきたため、加賀の隣国の武士はますます警戒をし、不安な情勢になった。このことについて、加賀の一門寺院や郡・組の老《おとな》（指導層）は心を一つにして、本願寺へ対処を嘆願したが、かえって本願寺に対し造反していると伝えられ、悪徒による讒訴が重なり、証如に取次がれることはなかった。

（『今古独語』）

実如の代には、加賀の諸問題・所領の依頼は、加賀一門寺院が一元的に本願寺に取次ぐことになっていたのだが、下間頼秀や超勝寺実顕が介入する事態になっていたことが窺える。ところで、越中の新川郡《にいかわぐん》太田保はこれまで細川氏の知行する地（支配する土地）であったが、頼秀が支配しようと企てたのだろうか。

## 幕府の権力闘争

既に実如の存命中の永正十六年（一五一九）～翌年にかけて、細川澄元《すみもと》が阿波から侵攻し、京都を一時占領した。当時、将軍足利義稙《よしたね》（義材・義尹、永正十年＝一五一三に義稙に改名）は、かねてより細川高国の専横に不満を抱いていたため、細川澄元と通じることになる。しかし、高国は態勢を立て直し、京都奪回に成功する。破れた澄元重臣の三好之長《みよしゆきなが》は自刃し、澄元自身は阿波に敗走して病死し、嫡子晴元《はるもと》が跡を継いだ。

永正十八年（一五二一）細川高国と対立する足利義稙は、淡路島に出奔したため、高国は播磨国守護代浦上村宗《うらがみむらむね》のもとにいた足利義澄《よしずみ》の子義晴《よしはる》を十二代将軍に擁立した。しかし、五年後の大永《たいえい》六年（一五二六）に、高国の従兄弟で丹波《たんば》守護の細川尹賢《ただかた》が高国の重臣香西元盛《もともり》を謀殺したことに端を発し、元盛の兄弟で丹波有力国人の波多野稙通《はたのたねみち》と柳本賢治《やなぎもとかたはる》が高国に反旗を翻すことになる。

二人は、前将軍義稙の養子義維《よしつな》（義晴の兄弟）と細川澄元の遺児晴元《はるもと》を擁立する阿波の三好元長《もとなが》らと連合し、翌大永七年（一五二七）二月に桂川原《かつらがわはら》合戦で、細川高国・細川尹賢・若《わか》狭《さ》守護武田元光《たけだもとみつ》の連合軍に勝利した。高国と将軍義晴は近江坂本に敗走し、柳本賢治が京都を征圧する。しかし、義維と晴元は堺に上陸したままそこに留まり、畿内では高国が擁する義晴＝近江公方《おうみくぼう》と晴元が擁する義維＝堺公方《さかいくぼう》が鼎立《ていりつ》することになった。

京都奪回を目論む細川高国は、越前守護朝倉孝景《あさくらたかかげ》が派遣した軍勢の協力を得て十月に再入京を果たし、翌月には細川晴元派の柳本賢治・三好元長の軍勢との間で、京都下京《しもぎょう》の川勝寺《せんしょうじ》口《ぐち》合戦で激戦を繰り広げた。しかし、翌大永八年（一五二八）三月、突然朝倉勢が越前に撤兵したことで、高国と将軍足利義晴は、五月に再び近江に逃れることになる。義晴は近江朽《くち》木《き》に亡命するが、高国は再起を図るも果たせず西国に落ちていく。その後、享禄《きょうろく》三年（一五三〇）八月、高国は浦上宗村の助力を得て摂津に侵攻し、翌享禄四年（一五三一）には細川晴元の根拠地である堺への攻撃をめざすなど攻勢に出たが、六月に摂津天王寺《せっつてんのうじ》の合戦で晴元方に大敗し自害に追い込まれた。

## 加賀一門寺院、本願寺と対立する

この間、近江朽木の義晴が将軍であり続けたが、堺の義維を担ぐ細川晴元が、畿内をほぼ支配下に置くことになり、それまで高国に従っていた本願寺は晴元に従うことになった。晴元政権は、義晴・高国の支配地を欠所化していったと考えられ、その一環として証如の側近下間頼秀による高国の知行する越中太田保の欠所指令がなされたのだろう（金龍静：二〇〇四）。しかし、依然、加賀は将軍義晴に従っており、複雑な様相を呈するようになる。また、越前の朝倉氏や能登畠山氏・越後長尾氏は、義晴・高国を支持していた。特に、長尾為景は、義晴から守護と同等な家格・地位であることを示す「毛氈鞍覆《もうせんくらおおい》・白傘袋《しろかさぶくろ》」の使用を許可され、その嫡子は偏諱《へんき》（名の一字）を拝領し晴景《はるかげ》と名乗るなどして、将軍の権威を背景として越後での身分上昇・権力強化を図っていた。

このような情勢下で、加賀の本願寺一門は、実如の遺言に基づき、あくまで隣国の守護勢力との敵対はさけ、友好関係を維持し続ける立場にあった。そのため、義晴・高国の支配地の欠所指令に従うことはできず、本願寺の意を介した下間頼秀・証如の外戚超勝寺実顕がこれを実行していくことになる。ここに、加賀の本願寺一門の成敗自体が、本願寺の意向に反することになり、ひいては本願寺との対立へと発展する事態に至る。この対立に関して、そもそも実如の三ヶ条の遺言は、一族・一門への遵守を求めたものであり、本願寺自身の遵守ではなかったとする指摘（金龍教英：一九九八）が注目される。確かに、証如はこの対立に際してのみならず、後述する天文一揆時にも躊躇することなく門末に軍事動員指令を下している。

折しも、享禄《きょうろく》四年（一五三一）細川高国が堺の細川晴元を倒すべく摂津で戦っていた最中の閏五月に、本泉寺蓮悟ら本願寺の加賀一門は高国派として、晴元派の超勝寺攻撃を決定した。この時、超勝寺と同じく永正一揆での敗北により越前から加賀に逃れていた本覚寺は、超勝寺と結んでいたため攻撃対象となった。晴元派の両寺を攻撃することは、晴元派の本願寺からの造反を意味し、ここに、本願寺教団の内紛である享禄の錯乱が勃発した。享禄の錯乱は、加賀一門（本泉寺・松岡寺・光教寺・願得寺）を小一揆とし、超勝寺・本覚寺を大一揆とするので、大小一揆《だいしょういっき》とも呼称する。

## 加賀一門寺院の没落

加賀一門方の攻撃に対して長嶺《ながみね》で迎撃戦をおこなった超勝寺・本覚寺方は、門徒が多く存在する地盤の一つである白山《はくさん》麓の天険の地山内《やまのうち》に立て籠もった。これに対し、加賀一門方は、山内の諸口を封鎖する作戦をとり、膠着状態が続くことになる。

しかし、六月に細川高国が敗死したことで、状況が一変する。もはや高国派の再起は望むことはできなくなり、本願寺は畿内の高国派の対応に追われる必要がなくなり、加賀の内紛への介入に専念することが可能になったのである。

本願寺は七月に、超勝寺救援と加賀一門攻撃のために下間頼秀の弟頼盛《らいせい》を加賀に派遣した。同じ頃、超勝寺・本覚寺方の奇襲作戦で、加賀一門方の松岡寺が焼かれ、蓮綱とその一族の身柄が山内に拘束されてしまう。下間頼盛・土呂《とろ》本宗寺《ほんそうじ》実円《じつえん》が率いる三河坊主衆や飛騨門末らは加賀に攻め入り、それまで中立だった白山本宮《はくさんほんぐう》を味方につけて七月二十三日に願得寺を焼き払った。さらに、下間頼盛勢と超勝寺・本覚寺方は反転攻勢に出て、七月二十九日には加賀一門の中心だった本泉寺を攻撃し焼亡させた。その結果、本泉寺蓮悟・光教寺顕誓・願得寺実悟は、加賀から国外に亡命を余儀なくされる。本泉寺蓮悟は終生証如から赦されることはなく、天文十二年（一五四三）失意の内に堺で死没した。また、超勝寺・本覚寺方に捕らわれていた松岡寺蓮綱は老齢で十月に病没し、その一族の男子は自害させられている。加賀一門方に属していた加賀守護富樫《とがし》稙泰《たねやす》や国の長衆《おとなしゅう》数百人も国外に逃れ牢人（敗北し国外へ逃れる者）となってしまった。

一方、加賀一門方と友好関係にあった能登・越中・越前の守護勢が、武力干渉のため介入し加賀に侵攻している。本願寺教団の内紛は、本願寺と北国守護勢の戦いへと転じたのである（金龍教英：一九九八）。越前の朝倉勢は、上口（加賀の南方面）の国境を越えて石川郡まで進軍してきた。同じ頃、能登・越中の畠山勢は、下口（加賀の北方面）河北郡太田《おおた》に布陣していた。しかし、能登・越中勢が太田合戦で敗北したため、十一月三日に朝倉勢は越前に撤兵した。

享禄の錯乱で、本願寺の救援を受けた超勝寺・本覚寺方が勝利を収めたが、翌享禄五年（一五三二、七月に天文に改元）二月には、

> 波佐谷少将《はさだにしょうしょう》が来訪し、酒を勧めた。初対面であり、その父兼玄《けんげん》は昨年十一月十八日に、祖父蓮綱は九月十八日に死去したという。松岡寺一族の中でこの人物だけが本願寺にいたので難を逃れた。本願寺証如から加賀に下向し松岡寺を継ぐことを命じられた。しか

し、辞退するとのことだ。越中の神保勢が悉く敗北し討死し、加賀では、ほぼ本願寺が勝利したので、□州（能州＝能登カ）と和睦するらしい。

（『実隆公記《さねたかこうき》』享禄五年二月十五日条）

と記されており、翌年まで能登・越中勢との戦いが継続していたことがわかる。

## 三河坊主衆

ところで、超勝寺・本覚寺救援に赴いた三河の坊主衆は、土呂本宗寺実円の与力《よりき》（助勢・助力）集団であった。証如は、十月五日付の感状で「三河坊主衆中・其外加州へ下国衆中」に対して、波佐谷における戦功を賞している（『諦聴寺文書《たいちょうじもんじょ》』）。まさに、加賀一門との戦いは、証如の意向そのものだったのである。彼らは一定の兵力を有していたことが窺われるが、争乱地の加賀門末らとは異なり、敵の加賀一門方の欠所跡職を望んで参戦したとは考えにくい。

実円は実如の四男で証如の叔父にあたり、実如の死後は本願寺で証如を補佐するなど一門の中でも重要な地位にあった。この宗主の血縁寺院としての権威を背景に、三河坊主衆による本宗寺の月番勤《つきばんきん》仕《し》体制《たいせい》が確立され、一部門末の直参《じきさん》化《か》（直属成員となる）の動きを引き起こしていた。この動静の中で、本宗寺は、それまでの三ヶ寺（佐々木上宮寺《ささきじょうぐうじ》・野寺本證寺《のでらほんしょうじ》・針崎《はりさき》勝鬘寺《しょうまんじ》）による三河教団の統率体制をほぼ完全に包摂し君臨していった。これが、実円の指令で三河坊主衆が加賀に出兵した背景と考えられる（青木：一九八七）。

月番勤仕とは、月ごとに交代で本宗寺の末寺役（宗教役＝宗教的勤仕）を担当するもので、非常事態の際にはそれが軍役《ぐんやく》に転化する。つまり、坊主衆の軍役は宗教役の一形態であり、これは本願寺における直参衆《じきさんしゅう》（本山の直属成員＝宗祖・宗主の面前に出仕《しゅっし》し、直接参じうる身分の者）が、果たさねばならない役と同質のものだった。本願寺の宗教役と軍役の関係は、二節で改めて触れるが、本宗寺の月番勤仕は、本山の本願寺にならい地方教団としては異例な形で整備されたものである（青木：一九八七、遠藤：一九八七、金龍静：二〇〇四）。

## 郡と組の変容

享禄の錯乱で加賀一門が退転したため、加賀の支配体制は変化していく。勝者の超勝寺・本覚寺が門末の統轄に当たることになり、一方では郡と組の再編・整備が進められていった。加賀一門に属した郡と組の指導層は没落し、その欠所処分権は加賀一門から本願寺に移行し、現地における差配は郡や組の代表者である旗本《はたもと》がおこなった。郡は国人・荘官連合から本願寺の申付下《もうしつけか》に入り（配下に置かれる）、組の旗本たちにより構成されるようになっていった。すなわち、郡は各郡内の組の集合体へと変貌していったのである。郡は本来自己の所領において領民を成敗できる権限を持っていたが、本願寺の申付下に入ったことで、本願寺の代行という形をとって、所領以外の門末へも成敗権を行使できるようになった。その結果、本願寺あるいは郡に敵対する非門末をも含む人々に対して広く成敗権を行使し、国内の治安維持的な役割を一元的に担っていくことになる。既に永正一揆後に郡は、加賀における上級支配権（軍事指揮権・外交権）を本願寺に委ねていた。その下で、成敗権拡大・欠所跡職の差配を梃子に郡は権限を拡大していき、組は本願寺に直属し財政的・軍事的負担を受け持つ組織となっていった（金龍：二〇〇四、本願寺史料研究所：二〇一〇）。

一方、加賀南二郡では蓮如の時代に一郡規模で本願寺派の信仰組織としての講＝郡中講《ぐんちゅうこう》が成立していたが、能美郡と江沼郡では運営上の差があった。また、南二郡では郡―組体制の積極的な再編・整備は認められないなど、加賀一向一揆の組織は、統一されたものではなく、国内の地域によりそのあり方に差があったのである（高澤：一九八八）。

## 二、天文《てんぶん》一揆――本願寺焼失への道

享禄の錯乱で、証如は加賀一門とその与党を放逐したが、その翌年には畿内の争乱に積極的に関わることで、本願寺の基盤を大きく揺るがす事態を招くことになる。この節では、この経緯と結果を具体的に追ってみたい。

## 証如、細川晴元の要請に応える

本願寺が支持し従っていた畿内の細川晴元政権も、内部で対立を抱えており不安定であった。晴元が擁した足利義維は将軍に就任しないままであり、政権の軍事基盤は、晴元の本貫《ほんがん》地《ち》（出身地）である阿波の三好元長《みよしもとなが》を中心とする阿波国人衆と茨城長隆《いばらきながたか》を中心とする摂津国人衆であったが、彼らは協調・妥協しつつも当初から権益をめぐり対立していた。また、享禄の錯乱時には、晴元政権内部の中枢で、晴元・木沢長政《きざわながまさ》派と河内守護畠山義堯《はたけやまよしたか》・三好元長派の対立が顕在化していた。木沢長政は、もともと畠山義堯の重臣であったが、晴元に接近し重用され政権内部で急速に台頭していた。そのため、三好元長が畠山義堯を支援するという様相となったのである。

享禄四年（一五三一）八月、畠山義堯は三好元長の一族三好勝宗《かつむね》の合力をえて、河内飯盛《いいもり》山城《やまじょう》の木沢長政を攻撃するが、晴元の指令により勝宗は撤兵し、長政は窮地を脱した。しかし、享禄五年（一五三二）五月に、義堯は三好元長や大和の筒井順興《つついじゅんこう》と結び、再び飯盛山城の攻撃を開始する。この政権内部抗争時に、十分な兵力を持たなかった晴元にとって長政の軍勢は最も頼りになる手勢であった。晴元は、政権内における立場を維持するために、長政をなんとしても救援せねばならなかったのである（藤井：一九八五）。そこで晴元は、飯盛山城を包囲している義堯・元長を討伐するための軍事行動を本願寺に要請した。

証如はこの要請を受け、軍事責任者で代表奏者の下間頼秀を伴い本願寺から大坂御坊へ移動し、畠山義堯・三好元長の攻撃のための動員令を門末に下した。証如の指令に応じた和泉・河内・摂津の門末の一揆勢は、飯盛山城を包囲した義堯勢を背後から攻撃したため、義堯は誉田城に敗走する。一揆勢はこれを追撃し誉田城を猛攻の末、六月十七日に城から逃走した義堯を敗死させている。さらに一揆勢は、堺南庄《さかいみなみしょう》を攻めて六月二十日に元長を顕本寺《けんぽんじ》で自害に追い込んだ。

## 堺公方府消滅する

この一揆蜂起に対して、公家の山科言継《やましなときつぐ》は、驚愕し恐れをなして以下のように記している。

去二十日、和泉国堺南庄で三好元長を初め一族が悉く滅亡したという。その数は八十人余りとのことだ。同じ場所で二十八人が自害したという。その外、足利義維の直属家臣である奉公衆が二十四人いたという。この攻撃は細川晴元の指令によるものである。本願寺が晴元に合力し、一揆勢二十一万が蜂起し攻撃したとのことである。言語道断のことである。このような情勢で丹波の波多野は没落したという。天下はみな一揆の思いのままである。愁歎、々々。

（『言継卿記《ときつぐきょうき》』享禄五年六月二十二日条）

一揆勢の二十一万という数は正確とは考えにくいが、大軍として認識されていたことが窺える。畿内においても、武家の対立抗争が一揆勢の軍事力によって決着された事態を、言継は嘆かわしいと思ったのである。

堺公方足利義維も御座所《ござしょ》（貴人の居所）の四条道場《しじょうどうじょう》から顕本寺に移っていた。義維は元長を信任し続けており、元長自害の報を受け自分も自害しようとしたが、

既に御所様（足利義維）も切腹をしようとしたところ、細川晴元から人が遣わされ、刀を奪い取り、以前に居住していた四条道場に移した。

（『細川両家記《ほそかわりょうけき》』）

と晴元の手の者によって押しとどめられてしまった。

結局、義維と元長の子息千熊丸《せんくままる》（後の長慶《ながよし》）は、ともに阿波に落ちていく。ここに堺公方は消滅した。

## 奈良の一揆蜂起

　畠山義堯・三好元長は滅亡したが、争乱が終息することはなかった。二十日ばかりの後の七月十日に大和の奈良で一揆が蜂起したのである。奈良の商人雁金屋《かりがねや》ら本願寺門徒を指導層とする多様な階層の人々を含んだ一揆勢は、鎌倉時代以来実質的な守護として大和の支配権を掌握し続けていた興福寺《こうふくじ》の膝下である奈良中七郷《ならちゅうひちごう》の諸坊舎《ぼうしゃ》を焼き払った。藤原氏の氏神で興福寺の鎮守社《ちんじゅしゃ》（神仏習合の下で、寺を守る神社）である春日神社《かすがじんじゃ》にも一揆が乱入し、社殿・神官の住居を破壊し神物《しんもつ》（神に供える物）を略奪した。

　その後、一揆勢は奈良から南下し、七月下旬には高市郡《たかいちぐん》の有力国民《こくみん》（春日神社の神人＝神社に奉仕しその保護を受けることで宗教的・身分的特権を得た者）越智《おち》氏の居城高取城《たかとりじょう》を包囲し攻撃していた。しかし、高取城は難攻不落の要害で、一揆勢は攻めあぐねていた。八月八日には、高取城救援のために向かった筒井順興・十市《とおち》遠治《とおはる》らが到着し、城方と一揆勢を挟撃したため、敗れた一揆勢は吉野《よしの》に退却する。この間、七月二十九日に享禄から天文《てんぶん》に改元された。

## 本願寺、細川晴元と敵対する

　証如が、奈良で蜂起した一揆に対し指令を下した形跡はない。すなわち、本願寺宗主の意向に関係なく、当初、一揆勢が大和において独自に行動を展開していたのであった。しかし、

細川晴元の重臣茨木長隆は、八月二日時点で、

本願寺は晴元にたいして問題なく従うと申しているが、一揆はやりたい放題であり、謀反を企んでいることは明白である。（『開口神社文書《あぐちじんじゃもんしょ》』）

と断定しており、本願寺に敵対姿勢を示した。また、近江に亡命中の将軍足利義晴も七月二十三日に、京都の本満寺《ほんまんじ》ら法華宗《ほっけしゅう》（日蓮宗）の本山に対して、一揆に備えるための軍勢催促をしていた。晴元と義晴は反本願寺・反一揆の立場で接近し提携していく事になる。

一方、本願寺側も八月四日には、「木沢長政の軍勢が出撃してきた。細川晴元は本願寺の敵となった。」（『私心記《ししんき》』天文元年八月四日条）との判断を下す。その前日には、京都の公家鷲尾隆康《わしのおたかやす》は、以下のように伝聞をもとに日記に記している。

風聞では、本願寺と細川晴元との関係が悪化し、昨日に、一揆勢が堺を包囲したとのことだ。しかし、晴元方が勝利して一揆勢の数百人が討死したらしい。去月（六月）には、本願寺証如は晴元に味方して元長以下三好一党を滅ぼしたのに、今日は晴元と戦っている。定まらない世の中であり、天魔のなせる業である。あちらこちらで一揆が討死

にしているらしいが、諸国に一揆が充満しているため、滅ぶことなく合戦が続いているとのことだ。風聞のとおりならば、世間は一揆の世となったというべきである。しだいに、このようになってしまったのか。末世のありさまである。嘆くべきである。

（『二水記《にすいき》』天文元年八月三日条）

細川晴元を支持し協力関係にあった本願寺が、わずかの期間で対立し戦うことになった状況を、当時の公家も理解しがたかったのである。奈良での一揆蜂起の原因、及びそれが何故、本願寺と細川晴元との急速な関係悪化に繋がったのかについて、これまで様々な分析がなされているが、関連史料の少なさ、その断片性から、未解明なままである（神田：二〇〇一、奥本：二〇一八）。

## 法華一揆、対本願寺戦に加わる

『細川両家記』では、八月四日に木沢長政が堺の浅香道場《あさかどうじょう》と近郷を焼き払ったが、和泉・河内・大和・摂津で一揆勢が一斉に蜂起したとある。そして、翌五日には摂津の一揆勢が、晴元の家臣池田久宗《いけだひさむね》の居城池田城《いけだじょう》を包囲したが、交渉により和睦が成立したと記している。

前記のように、八月八日には大和の高取城攻防戦で一揆は敗退したが、同じ日に晴元方は、証如が移った大坂へ攻撃を仕掛け、一揆方が敗れ下間刑部大夫《ぎょうぶたいふ》らが討死したという情報が京都に伝わっている。その京都では、七月二十八日には、

> 山科に本願寺という一向宗寺院があり、細川晴元の要請により摂津に向かったが、その後、晴元との仲が悪くなった。その時、一向宗は、京都の日蓮宗を攻撃するとの風聞があり、法華宗側は武装蜂起し、晴元勢とともに山科《やましな》を攻めるとのことだ。しかし、本願寺（宗主）はまだ摂津にいた。（『祇園執行日記《ぎおんしゅぎょうにっき》』天文元年七月二十八日条）

という状況だった。この時点では、証如が細川晴元と明確に敵対する前であり、本願寺が京都の法華宗を攻撃するという情報の真否は不明である。しかし、前述のように、既に七月二十三日に将軍足利義晴から法華宗の本山に対一揆の軍勢催促が出されており、法華宗宗徒らは一揆勢の攻撃に備え戦うことを決意する。

八月七日には、京都下京で法華宗最大の本山本国寺《ほんこくじ》に、細川晴元配下の丹波の柳本勢や京都の町人が集結し、柳本賢治の元家臣の丹波国人山村正次《やまむらまさつぐ》に率いられて打廻《うちまわり》（軍事的示威行動）をしている。八月十日には、東山から山科郷内に打廻をした際に、東山一帯の本願寺の末寺を焼討していった。

その中には、親鸞廟所《びょうしょ》で寛正六年（一四六五）に破却された東山大谷の本願寺跡に建てられた「下の一向堂《いっこうどう》」があった。近隣の青蓮院や知恩院は、焼討を止めるように山村正次と交渉を試みた。しかし、正次は、「先日、堺で一揆勢が大敗北した後、あらゆる所の本願寺門徒の坊舎などを焼討するように命じられている。細川勝元の厳命なので、青蓮院側の申し出に従い焼討を止めれば、我々は自害せねばならなくなる」（『経厚法印日記《つねあつほういんにっき》』天文元年八月十日条）との理由で、要求を断り下の一向堂を焼き払った。その後も打廻は続き、本願寺では女房衆が避難し始めている。

## 追い詰められる本願寺

八月十二日、将軍足利義晴を支援していた近江守護六角定頼《ろっかくさだより》により、大津の本願寺一門寺院近松顕証寺が焼き払われた。八月十四日には、本願寺側は反撃のため山科から出兵し東山に布陣して、夜には篝火《かがりび》を焚いて洛中《らくちゅう》（京都の市街地）を威圧した。そして、翌十五日に清水寺膝下の五条辺りの茶屋一両屋《いちりょうや》を放火している。八月十六日、本願寺の一揆勢が山科から出撃し、法華宗徒による法華一揆を主力とする洛中の守備隊と交戦したが、敗退した。その翌日にも、本願寺の一揆勢は法華一揆と東山一帯で衝突したが、大敗を喫している。そのため、青蓮院は、「もはや、本願寺側が山科から出撃することはないだろう。従って今後は京中（洛中）

から法華一揆が山科に攻め込むことになる」（『経厚法印日記』天文元年八月十七日条）との判断を下した。そして、用心のために、知恩院と相談し、法華一揆を率いる山村正次に願い出て陣札《じんさつ》を発給してもらい、三条の町の構口（東山の粟田口《あわたぐち》の出入り口）に掲示している。

陣札は、配下の兵の略奪・破壊行為などを禁じた内容を記したものであるが、対価として礼銭を払わねばならなかった。法華一揆・柳本勢優勢の情勢下で、青蓮院と知恩院は、洛中から東山経由で山科に向けて侵攻する彼らへの対策（略奪・破壊行為からの回避）をせねばならなかったのである。

## 本願寺の焼失

八月十九日、摂津の本願寺一揆勢二千余が山城の山崎《やまざき》まで出陣したが、洛中の法華一揆・柳本勢と細川晴元方の西岡衆《にしのおかしゅう》に迎撃され、百から三百余人が討死し敗退した。二十日には、細川晴元の家臣中井《なかい》から青蓮院に対して、翌日に山科の本願寺を総攻撃するので、案内者として配下の地下人《じげにん》（地元の住民）を出すように命じられている。二十一日に、青蓮院は地下人十名を中井のもとに遣わしたが、総攻撃は二十三日に延期された。

八月二十三日、法華一揆を主力とする京衆、慈照寺《じしょうじ》勢、六角勢、山城衆により、本願寺は四方を完全に包囲される。そして、六角勢が東から進軍し本願寺勢と衝突し、西からは京衆が西山を占拠している。この日、証如の大叔父で蓮如の十三男実従《じつじゅう》は、戦いに備え什物《じゅうもつ》（宝物、器財）を埋めている。

八月二十四日、激しい攻防戦が開始されたが、その後、和睦交渉がおこなわれた。しかし、本願寺側から人質の下間頼次《らいじ》が六角方に出され、下間融慶《ゆうけい》が本願寺に戻ったその時に、本願寺を包囲していた諸勢が水落（本願寺南西部）から一斉に攻め込み放火したため、寺内・寺外（本願寺及びその周辺の家）は全て焼失してしまった。蓮如の時代に創建された山科の本願寺は五十五年目に焼亡したのである。この時、実従らは本願寺の御堂の庭で討死を覚悟していたが、敵が来なかったので、暮れ六つ《むっ》（午後六時頃の夕方）に脱出し、勧修寺村《かじゅじむら》経由で上醍醐《かみだいご》へ落ちのびている。

## 摂津・山城の国人の動向

証如が移っていた大坂御坊が後に本願寺とされ本山となるが、その膝下の摂津の一向一揆は健在であり、九月二十八日には山城と摂津の境にある山崎の合戦で、細川晴元方の摂津守護代薬師寺国長《くになが》らに大勝利した。この時の戦いについて、実従は、

京衆（薬師寺国長を大将とする摂津の国人・丹波の柳本勢・法華一揆）が、山崎に出撃し軍勢

を配置したが、摂津の国人・一揆衆・山城の国人の戦略により、大敗北した。
（『私心記』天文元年九月二十八日条）

と記しており、摂津・山城の国人が本願寺の一揆勢に加わっていたことが判明する。その一方で、敗れた細川晴元方の京衆にも摂津・山城の国人が加わっており、彼らは常に一致して行動するわけではなく、情勢に応じて複雑な去就を繰り返していたのである（藤井：一九八五）。

## 下間頼盛の立場

享禄の錯乱以降、加賀へ下向していた下間頼盛《らいせい》（証如の代表奏者下間頼秀の弟）は、同日付の飛騨の照蓮寺宛書状で、山科本願寺と大坂御坊が堅固であり本願寺勢が勝利したことを知ったと伝え、

殊にこの頃は、欠所地について支配をめぐる争いが起こっており、加賀では内部抗争により揃わない状況であるので、まずは（連絡されたように）山科に戻ることは差し控える。
（『旧高山照蓮寺文書《きゅうたかやましょうれんじもんじょ》』）

と述べており、加賀では享禄の錯乱で敗北し退転した本願寺加賀一門方の欠所地をめぐり激しい争奪戦が起こっており、混乱状態にあったことがわかる。その一方で、頼盛はまだ本願寺焼失を知らなかったのである。

頼盛が照蓮寺から本願寺に戻ることを控えるように言われた理由は、それまで友好関係にあった本願寺と細川晴元が敵対関係に入ったからである。頼盛は本願寺が晴元政権を支持するという前提で、反細川晴元派の加賀一門を攻撃したのであるが、本願寺の方針が転換し晴元と敵対することになったため、その立場を失ってしまったのだった（石田：一九八九）。

## 摂津での戦い

この頃、細川晴元との抗争で敗死した細川高国の弟晴国《はるくに》が、丹波から京都に攻め込むとの噂が流れていた。晴国は晴元から離反した丹波の波多野秀忠《はたのひでただ》と提携するなど、反晴元で本願寺と利害が一致していた。しかし、十二月下旬には、それまで本願寺に味方していた摂津の国人が、富田道場をはじめ摂津上郡《かみぐん》（豊島郡以東）・下郡《しもぐん》（川西郡以西）の一向宗道場を焼討した。山城の宇治田原《うじたわら》にいた実従は、摂津の道場焼討を山の上から眺めていたが、摂津の国人が裏切ったとの風聞を書き記している（『私心記』天文元年十二月二十四日条）。

翌天文二年（一五三三）にも、摂津では攻防戦が続いていた。正月二日、本願寺の一揆勢は尼崎大物城《だいもつじょう》に拠る晴元方の松井宗信《まついむねのぶ》を攻撃したが、十八日に晴元方の薬師寺国長に率いられた法華一揆により、山田郷市場（現吹田市）が焼討にされている。二十三日、富田方面で一揆勢は薬師寺国長勢を撃破し、二月には細川晴元の堺を攻撃し征圧した。この時、晴元は一旦堺から淡路に敗走している。堺陥落に関し、晴元をはじめ晴元方の主な武将は全滅したという情報が、京都に伝わっていた。情報が錯綜する京都では、法華一揆により、真宗寺院の伏見西方寺《さいほうじ》の僧侶・法華宗寺院に放火した本願寺門徒が処刑されている。

三月五日から本願寺一揆衆は、晴元方の伊丹城《いたみじょう》を包囲し攻撃を開始した。本願寺の一揆勢の人海戦術による猛攻に対して、京都に戻った木沢長政が率いる法華一揆が、三月二十七日に伊丹城の救援に向かった。法華一揆は二十八日・二十九日の戦闘で伊丹城を包囲する本願寺の一揆を撃破し、摂津下郡を焼き払い征圧し、四月一日に京都に戻っている。

## 大坂御坊の攻防戦

四月六日には、淡路に敗走した細川晴元が摂津池田城に入城し、翌日には本満寺ら京都の法華宗の諸本山に対し、大坂御坊攻撃のための軍事動員を依頼している。同日、京都上京の外れにある唱聞師村《しょうもじむら》が、本願寺一揆勢に内通したとの理由で、法華一揆により焼かれた。

四月二十六日、晴元の要請に応じた法華一揆は、晴元配下の軍勢とともに京都から出陣し、三日後に堺を奪回した。四月三十日から、法華一揆と玉櫛衆《たまくししゅう》（現東大阪市の本願寺門徒の一揆）との間で激戦が繰り広げられたが、五月五日には、晴元・木沢長政・法華一揆による大坂御坊総攻撃が開始される。しかしその後は、一進一退の攻防戦が続いた。

大坂御坊の攻防戦が膠着状態になっていた五月二十六日に、反細川晴元派で本願寺と提携する細川晴国が、丹波から出撃し京都の郊外の高尾《たかお》・栂尾《とがのお》に陣取った。この時、京都の晴元派は手薄で、摂津守護代薬師寺国長が京都に残っていた法華一揆の協力をえて応戦するが、六月十八日の高尾の戦いで大敗し討死してしまった。二十四日には、晴国勢は洛中に進撃し、法華宗の妙顕寺《みょうけんじ》を攻撃している。大坂御坊総攻撃の間隙を晴国に突かれた晴元は、危機感を募らせた。そのため、三好元長の遺児千熊丸（後の長慶《ながよし》）の仲介で二十日に証如と和睦する。

## 細川晴国の戦闘継続

前年の十一月に加賀から戻り、伊勢に下っていた下間頼盛が、七月六日に隠密裏に大坂に入っている。そして、十二月には、証如の代表奏者が兄の下間頼秀から、その父頼玄《らいげん》に変えられた。この間、大坂御坊にいた細川晴国方の牢人は、和睦に従わず戦闘を続けていた。八月末には、晴国方の武将瓦林氏《かわらばやし》・薬師寺氏らが阿倍野《あべの》方面で示威行動をしている。九月六日、和睦に反対する摂津の一揆勢の一部は瓦林氏に味方し、越水城《こしみずじょう》を奪った。しかし、三好長慶の一族で晴元方の連盛《つらもり》・久助《ひさすけ》らとそれに与同する池田国人衆・伊丹国人衆により攻撃され、交渉し城を明け渡し、二十四日に中島《なかじま》に戻った。十月に至っても、晴国勢は京都に出没し、十月十四日には西院《さい》に進軍して、晴元勢・法華一揆と戦闘を交えている。

## 和睦の破棄

天文三年（一五三四）三月、下間頼盛が証如の身柄を拘束し人質にして河内榎並《えなみ》に退去する事件がおこった。この事件は、正月に河内守護畠山稙長《はたけやまたねなが》と守護代で晴元派の遊佐長教《ゆさながのり》が、軍事対立したことに連動していた（小山：二〇〇四、馬部：二〇一八）。そして、主戦派の下間頼盛は細川晴国との同盟を主張し、本願寺は五月二十九日に細川晴元との和睦を破棄するのである。細川晴国・畠山稙長・三好長慶との反細川晴元同盟のもと、証如も和睦破棄に同意し晴元との戦いに再び臨んだのだった。これに先立ち、四月に東海地域の美濃・尾張・三河と飛騨の坊主衆に動員令を発している。

六月五日、晴元方から本願寺の味方に転じていた三好連盛・久助が摂津野田に陣取り、二十六日に下間頼治・三好連盛勢とその外諸勢が、晴元方の椋橋城《くらはしじょう》を陥落させて入城している。八月十一日、晴元方の伊丹衆（伊丹国人）が椋橋城へ進軍したが、三好連盛・久助勢と一揆勢が、これを北中島で迎撃し撃退した。

十月十一日、畠山稙長の家臣丹下盛賢《たんげもりかた》が本願寺方として河内の森河内《もりかわち》に陣取り、十三日に細川晴国を擁立する一族の国慶《くによし》が河内せさ堂に陣取った。十月十九日に三好長慶と対立する三好政長が灘太《なだた》に入ったため、下間頼盛が椋橋城から三好連盛・久助とともに出撃した。翌日にかけて政長勢とそれに味方する伊丹衆・池田衆（池田国人）を潮江庄《しおえしょう》西の田中（尼崎市）で撃破し、同日に河内に陣取る細川国慶勢とともに、晴元方を森河内で打ち破っている。しかし、反晴元派の一角を担っていた三好長慶が、十月末に木沢長政の仲介で細川晴元に帰参することになった。十一月十三日、本願寺一揆勢は河内の八尾《やお》・萱振《かやふり》を焼き払った。翌日には晴元方の木沢長政が大和の戦いで越智氏に敗れている。

## 戦いの終結

翌天文四年（一五三五）三月二十五日、下間頼盛が大坂御坊から暇乞いをして退出するとの噂が流れた。四月七日、河内の敵方が攻撃してきたので、大坂御坊から下間頼盛と寺中衆が出撃している。ところが、六月十二日には、大坂で本願寺勢は、晴元勢に大敗を喫してしまった。後奈良天皇《ごならてんのう》は、昨日、大坂本願寺で合戦があったが、一揆勢の五、六百人が討死したとのことだ。ほぼ一向宗は、この戦いで滅亡してしまったのだろうか。

（『後奈良天皇宸記《ごならてんのうしんき》』天文四年六月十三日条）

と記している。本願寺の戦況不利のなか、その後和睦交渉が進められ、九月二日には摂津通路の封鎖が解かれた。これを承諾する旨を町衆《ちょうしゅう》（大坂御坊の寺内町＝寺院を中心に形成された町の住民）が連署《れんしょ》（名を列記し、花押を書くなどする）させられ、主戦派の下間頼盛が監視下に置かれた。十四日には下間頼秀・頼盛兄弟らが大坂御坊から退去する。そして、それまで証如の勘気を受けて蟄居していた下間兄弟の叔父下間頼慶《らいけい》が証如の代表奏者に任じられた。十一月末に青蓮院の仲介で、本願寺と細川晴元との和睦が成立した。

## 下間頼秀・頼盛兄弟の追放

天文五年（一五三六）正月に本願寺と友好関係にあった江北《こほく》（北近江）の浅井氏《あざいし》は、本願寺への返書で、この間の一連の本願寺の動きについて感想を伝えており、証如は次のように記している。

浅井氏の返書では、「この度、本願寺から送られた使者について、よく理解できませんでした。当方には和睦についても知らされていませんでした。本願寺は浅井の協力によって安泰であり、浅井は本願寺と昵懇《じっこん》であるから安泰であります。また、下間頼盛を追放したそうですが、加賀に派遣されて以来、証如に対して忠節をつくした者なのに、追放の理由がわかりません。」と書かれていた。そこで、浅井氏の使者によく説明させることにした。

（『天文日記』天文五年正月二十七日条）

浅井氏は、和睦の決定を知らされなかったことを述べたうえで、浅井氏にとって、本願寺は重要な提携相手であることを確認している。そのうえで、本願寺に対して功績のあった下間頼盛の追放について疑問を抱いているのである。この浅井氏の返書から、下間兄弟の大坂御坊退去は、証如による追放処分だったことが判明する。これに関連し、細川晴国の家臣三宅国村《みやけくにむら》とその一族の称願寺《しょうがんじ》は本願寺との外交交渉を任されていたが、同年五月には晴国から離反しつつあり、証如に対して下間頼盛に同意する武士を大坂御坊から追い出すように求めている。対細川晴元戦の主戦派である下間兄弟とその支持者は、和睦交渉に支障を来す存在だったのである。

### 証如の代償

この年の八月に、将軍足利義晴から本願寺を赦免することが伝えられ和睦となり、その年の十一月には、本願寺が近江門末を破門することを条件に、近江守護の六角定頼《ろっかくさだより》との和睦が成立した。本願寺は敵対諸勢力との和睦を成立させたが、実質的には敗北であったので、将軍足利義晴・細川晴元・六角定頼に対して礼銭（賠償金）を支払わねばならなかった。また、畿内の本願寺一門・一家衆の還住《げんじゅう》（元の場所に戻る）や坊舎再建のために、その地域の守護・守護代への礼銭が必要になった。そのために、証如は諸国の門末に懇志《こんし》（金銭の進納、勧進・志）を依頼している。これ以降、証如は畿内の対立抗争に関与することはなくなった。

## 三、一揆の余燼と下間頼秀・頼盛兄弟の粛清

### 中島門徒、戦闘を継続する

対細川晴元戦で、大坂御坊には常駐の六人坊主衆、寺内住民の門徒組織、天文一揆当初に証如の動員に応じた摂津・河内・和泉の門末、紀州・美濃・尾張・伊勢・加賀・近江北郡の番衆と諸国の有志が集まっていた。番衆は、阿弥陀如来と親鸞から与えられた信心（御恩）に対する報謝行《ほうしゃぎょう》としての役《やく》（割り当てられたつとめ）の担い手であり、その役は平時には宗教

的勤仕役であり、非常時には軍役《ぐんやく》に転化した。報謝行は、門末の義務であり、門末としての身分を保障するものであった。そのため、軍事動員令の対価としての恩賞はなく、宗主の消息では、軍役に関する褒辞は極めて簡素であり、所領の安堵・宛行の言及はない。あくまで、軍役を信心の発露としてその義務制を強調するのである（金龍：二〇〇四）。

しかし、参戦した門徒は、必ずしも本願寺に従順だったわけでなく、信心のみで結集したわけでもなかった。本願寺が細川晴元に勝利した場合、敵対する晴元方の支配地を欠所化し、その跡職を手中にすることが可能になる。彼らの多くは、その可能性にかけて参加したものと考えられる（金龍：二〇〇四）。そもそも、前章で触れたように、前住実如の時代には、摂津と河内の門徒は、宗主の軍事動員指令を拒否しているのである。逆に、彼らが自らの権益を優先するならば、和睦指令に従わない場合もありえたのだった。

摂津の中島門徒の一揆は和睦に従わず富田中務丞《とみたなかつかさじょう》と協力し、細川晴元に帰参した西難波《にしなにわ》に籠もる三好連盛・久助を天文五年（一五三六）三月二十六日に攻めている。一揆勢の猛攻で、三好連盛は椋橋城から逃れ、晴元方の伊丹国人も次屋城《つぎやじょう》から落ち延び、大和信貴山城《しぎさんじょう》の木沢長政を頼った。その後、中島門徒と木沢長政との間で本願寺を仲介とした和睦交渉がなされたが、所領に関する条件をめぐり交渉は難航した。

証如は中島門徒に妥協することを呼びかけたが、応じなかったため、木沢長政に対して彼らを破門する旨を伝えた。長政の使者は、それには及ばないと回答するも、七月二十九日に、三好連盛・三好政長とともに中島を攻撃し一揆勢を壊滅させた。その際に、証如は長政の要請に応えて、兵粮米と船五艘を送っている。二日後の八月一日には、中島一揆鎮圧を祝して長政に馬と太刀を贈っている。証如は、自立性をもつ中島門徒を看過することはなく、破門して切り捨てたのであった。中島門徒が赦免されるのは天文七年（一五三八）十二月であり、それを仲介したのは、他ならぬ木沢長政であった。中島一揆が鎮圧されたことにより、孤立した細川晴国は、八月二十九日に三宅国村により自害に追い込まれることになる。

## 下間兄弟の殺害指令

八月六日に証如は、大坂御坊から追放された下間頼盛について、中島一揆が鎮圧されたので、加賀に落ち延びるかもしれないと記した書状を加賀・紀州・飛騨・美濃へ下した。頼盛はよりどころだった中島から逃走したが、その後の足取りは判然としない。閏十月十九日には、木沢長政から金二十枚が贈られ下間頼秀・頼盛兄弟を赦免するように要請があったが、証如は兄弟のいずれか一人ならば可能であると回答している。

翌天文六年（一五三七）五月九日、証如は加賀四郡に対して、下間兄弟が加賀に下向したならば、殺害するように指令を下した。七月に、下間頼秀・頼盛兄弟殺害指令に関する加賀

四郡からの返書が本願寺に届き、兄弟が加賀に来たという風聞があるとの報告がなされた。この時期の加賀について、証如は、

本願寺の番衆である加賀山上組《やまがみくみ》の者が、先に加賀四郡に書状を下した際に、郡の寄合《よりあい》に一人も出なかった。とんでもないことであり、今日より、山上組の番《ばん》（務め）を止めることを、下間頼慶により申し出された。この事に関して、山上組へ下間頼慶に書状を送らせた。右に記したように、殊に郡の寄合に出ないことは、下間頼秀に与同しているとみなす。その時は、破門に処す。

（『天文日記』天文六年七月九日条）

と記している。能美郡の山上組は、郡の寄合に出なかったことで、下間頼秀を支持していると判断されてしまったのであった。十月二十五日には、山上組を除いた能美郡の三組（山《やまの》内組《うちくみ》・板津組《いたづくみ》・南組《みなみくみ》）から連判状が届き、郡から何を言っても山上組から一人も寄合に出ないことが報告されている。十一月二十八日になり、山上組から侘言《わびごと》（謝罪）があり、寄合に出た者は赦免された。翌天文七年（一五三八）の六月時点でも、山上組衆の清水八郎右衛門《しみずはちろうえもん》と和気六郎左衛門《わけろくろうざえもん》は寄合に出なかった。山上組は、証如が危惧するように、下間兄弟との結び

付きがあったのである（川崎：一九六九）。

## 下間兄弟、殺害される

天文六年（一五三七）十二月に証如は、尼子《あまご》氏に対して、下間兄弟の罪と狼藉《ろうぜき》（不届きさ）は言い尽くせないものであると伝え、彼らの赦免の取りなしをしないように要請し、了承を得ている。その後、天文七年（一五三八）三月二十日に証如が放った刺客により下間頼秀が殺害された。証如はこの件について浅井氏が疑義を抱く可能性を考えて、慎重に報告している。

残る弟の下間頼盛の成敗について、証如は八月二十八日の畠山氏宛の書状で、頼盛は前代未聞の狼藉人《ろうぜきにん》（不届き者）であるので、その成敗について意見があるかもしれないが、聞き入れることはできないので、どうか理解して赦免の取りなしをしないでいただきたいと伝えている。翌天文八年（一五三九）七月二十一日、ついに頼盛も堺で殺害された。

下間兄弟の処断に関しては、敵方であった木沢長政すら赦免を働きかけているように、不可解なものであった。証如は友好関係の大名に対して、狼藉人という理由で、兄弟の赦免の取りなしをしないように強く要請をしたが、それだけ兄弟の交友関係が幅広かったことを窺わせる。また、加賀能美郡の山上組との結び付きがあったように、兄弟は加賀において強い影響力を及ぼしていたのであった（川崎：一九六九）。さらに加賀以外でも、下間兄弟の支持者がいたのである。

細川晴元・将軍足利義晴との和睦後は、証如は既存の社会秩序を前提とし、幕府体制下での本願寺の存続と地位向上に専念していた。同時に教団の立て直しの一環として、門末への統制強化を進めていた。この証如の構想にとって、独自の勢力を持つ下間兄弟の存在は支障を来す可能性があり、禍根を断つためには是非とも粛清せねばならなかったのである。

天文一揆の終息後に、本願寺の支配下にあった加賀の統制も強化されるが、その実態はいかなるものであったか。これについて、次節で具体的にみていきたい。

## 四、加賀の統制と金沢御堂《かなざわみどう》建立

### 若松方《わかまつかた》騒動

天文五年（一五三六）閏十月二十日、木沢長政は享禄の錯乱以来国外に逃れていた加州牢人＝加賀の牢人《ろうにん》の赦免を求めたが、翌日に証如は加賀の牢人について関わらないでほしいと答えている。

その翌年の天文六年（一五三七）八月六日、本覚寺から、加州牢人が襲撃してきたが撃退したとの報告が証如になされた。九日には、若松方騒動（享禄の錯乱で退転した本願寺一門の本泉寺蓮悟方の牢人による襲撃、退転前に本泉寺は河北郡若松庄《わかまつのしょう》に寺基があった）について、超勝寺・能美郡・北両郡（河北郡・石川郡）・石川郡米富組《よねとみくみ》からそれぞれ注進状《ちゅうしんじょう》（報告の書状）が証如にもたらされた。石川郡六ヶ組からは、牢人に与していない旨の注進状が届いている。そして十二日、河北郡と河北郡四番組旗本の奥修理《おくしゅり》から、加州牢人の襲撃に関して証如に報告が来ている。

## 加賀への統制強化

加州牢人は、下間頼秀・頼盛の追放と下間頼慶の復帰という本願寺の代表奏者の交代という混乱に乗じて、失地回復の望みを抱き、加賀の門末を統轄していた超勝寺・本覚寺の打倒をめざし軍事行動をおこしたのである（浅香：一九八三）。証如は加州牢人の襲撃を本泉寺蓮悟方によるものであると決めつけ、加賀四郡と山内《やまのうち》（白山の北西麓で加賀の南東隅の手取川上流河谷（手取谷）一帯の地域、能美郡に含まれていたが、独自の組織として郡に準ずる扱いを受けていた）に対して、これを討伐したことを神妙であるとし、六ヶ条の条目（規則の項目）を下した（『明厳寺文書《みょうごんじもんじょ》』、『天文日記』天文六年八月二十六日条）。

その内容は、一、徳政《とくせい》の禁止、二、自力救済《じりききゅうさい》（武力による実力行使）の規制、三、寄合への参加の義務化、四、証如の指令の徹底化、五、曾祖父蓮如が平易な文体で教義を説いた門徒への手紙の中から、父円如が八十通を精選し五冊に編纂した「五帖御文《ごじょうおふみ》」の重視、六、仏法の聴聞と協力体制の構築である。

一つ目の徳政とは、債務破棄のことであるが、ここでは、加賀門末の懇志（金銭の進納、勧進・志）に携わる為替商人への債務破棄の要求であると想定される、との指摘がある。本来自主的な性格であった本願寺に対する懇志が義務化されているのである（早島：二〇一五、川崎：一九六九）。

二つ目では、そもそも自力救済を存立基盤とした加賀の郡一揆に対して、自力救済自体を抑制している。一揆内部の紛争処理は、あくまで本願寺宗主たる証如の裁定・承諾を得ねばならないと規定するものである。

六番目で、各々が教義を理解しないから、加賀が一揆内の紛争で混乱していると言及しており、前宗主実如の時代以来の問題が依然解決されていないことがわかる。この混乱の引き締めを、証如は、「五帖御文」を中心とした教義の徹底と自力救済の抑制により図ろうとしたのであった。教義及び宗主への背信行為は別心《べっしん》（異心、裏切り、背信）とされ、破門・成敗対象となっていった。

本願寺は下間兄弟の失脚を機に、宗主から別心衆《べっしんしゅう》と認定された者の所領の欠所処分権・跡職任命権を郡の独占的権限として認めることになった。そのため、本願寺が荘園領主の本役《ほんやく》（年貢）を保証するという原則下で、郡は可能な限り別心衆をつくり、その欠所跡職の差配を梃子に実質的な現地支配権拡大をめざしていくことになる（金龍：二〇〇四）。

若松方騒動で本泉寺蓮悟方に与同し別心衆とされた石川郡の六ヶ組の旗本高橋新左衛門《たかはししんざえもん》は、早々に成敗された。証如は高橋新左衛門成敗について石川郡と加賀一揆の巨頭洲崎兵庫《すのさきひょうご》助《すけ》を賞し、さらに別心衆の探索を徹底し成敗するように指令を下している。

## 下田長門《しもだながと》成敗指令をめぐる混乱

六ヶ組が存在していた臨川寺《りんせんじ》領石川郡大野荘《おおのしょう》では、ほぼ同時期に洲崎兵庫助が乱入し、これに百姓らも同調し、「近年は大野荘内の二ヶ村が押領されている」（『賀州本家領謂付日記《がしゅうほんけりょういいつけにっき》』天文六年）、「大野荘について荘園領主の臨川寺の支配は全く機能していない」（『証如上人書《しょうにょしょうにんしょ》札案《さつあん》』）という状態だった。荘園の押領・年貢対捍が進行しているという混乱の中で、十二月十八日、河北郡から下田《しもだ》（鈴見《すずみ》）長門の別心が明らかになったにも関わらず、石川郡の洲崎兵庫助が匿っているとの報告が証如にもたらされた。そして、別心衆の扱いをめぐり、証如と洲崎兵庫助の対立が顕在化していくことになる。

翌天文七年（一五三八）二月、証如は加賀四郡が共同して下田長門を成敗することを命じた。

しかし、河北郡の使者は、四郡に指令を下せば他の郡では同意する者はいないので、河北郡のみで誅罰するように指令してほしいと返答している。その理由は、石川郡には下田長門に同調する者がいたためであった。この要請を受け、証如は河北郡のみで成敗することを指令し、この旨を石川郡の五つの組にも通達している。下田長門成敗に対する思惑は四郡で統一されておらず、特に石川郡には下田長門に味方しかねない者が少なからずいたのだった。中でも一番の不穏分子は五つの組であり、牽制する必要があったのである。まさに北二郡の不安定な情勢を知ることができる。

四月二十日に、証如は重ねて加賀の石川郡四組・能美郡・江沼郡・山内・本覚寺・超勝寺と越中の勝興寺・瑞泉寺・五ヶ山《ごがやま》・かんだ・河上十郷《かわかみじゅうごう》、飛騨の照蓮寺に下田長門の成敗指令を下している。この時点でも、下田長門の成敗はなされておらず、これらの地域には石川郡同様、下田長門を支持する勢力が存在していたと考えられる。

### 洲崎兵庫助・河合八郎左衛門《かわいはちろうざえもん》の逃亡

果たして河北郡が危惧したように、石川郡の頭目洲崎兵庫助と河合八郎左衛門が、下田長門成敗の指令書を謀書《ぼうしょ》（偽造された文書、偽物の書状）だと主張して成敗を実力で阻止し、成敗のために向かった者を殺害し追い払うにいたった。そのため、両人は別心衆として証如の成敗対象となり、加賀から逃亡することになった。まさにこの事件は、本願寺宗主と加賀一揆との対立矛盾が顕在化した象徴的な事件である。

五月に洲崎の召仕が本願寺で処刑され、六月と八月には証如は、木沢長政・将軍側近・申次《もうしつぎ》（将軍への取次役）らに、洲崎・河合の弁明を聞き入れないように強く要請している。それだけ両名は幕府と密接な関係にあったのである（神田：一九九八、二〇〇七）。両名は、幕府のみならず寺社・公家・有力戦国大名とも、広汎なネットワークを有しており、赦免の仲介を依頼している。また、飛騨照蓮寺とその配下の惣郷は、両名を拘束せずに見逃し、結果的に上洛の手助けをしており、六月八日に証如から詰問されることになる。ここに飛騨の門末と宗主との間で加賀の政情その他をめぐる見解の相違が窺える。それだけ、両名の加賀を越えた広域にわたる影響力を知ることができる。

## 山門との交渉

七月に山門西塔院北谷正観院《さんもんさいとういんきたたにしょうかんいん》から証如に対し、寺領の佐那竹寺村《さなたけてらむら》が前年以来洲崎兵庫助に押領されているので、知行を回復させてほしいとの依頼がなされた。証如は、七月二十三日に現地は混乱しており、これが治まれば対処すると答えている。八月十六日に、再度正観院から知行回復の依頼が来たので、二十八日に証如は、現地を管理する六ヶ組に佐那竹寺村の知行回復を命じた。この時点では、洲崎兵庫助は加賀から逃亡しているにもかかわらず押領は続いており、その主体は六ヶ組であったと判断される。洲崎兵庫助の乱入・押領を契機に一揆組織の六ヶ組は権益拡大を進めて、佐那竹寺村を含む大野荘の荘域を掌握していたのだった。

八月十一日、関白二条尹房《にじょうただふさ》が洲崎兵庫助の赦免を取りなすが、二十三日に証如は断っている。十二日には、山門三院《さんいん》（東塔《とうどう》・西塔《さいとう》・横川《よかわ》からなる延暦寺の総称）が洲崎兵庫助と河合藤左衛門の侘言を伝え、両名の赦免を証如に求めた。しかし、証如は両名は「宗躰法度《しゅうたいはっと》」（本願寺の法）に背いたので許すことはできないと回答した。また、この件に関しては既に将軍の許可も受けており、細川晴元と六角定頼にも手を回していることを伝えて、両名が山門の膝下の坂本にいるようなので追放するように要請している。翻って言えば、山門が両名を匿う可能性はかなり大きかったのである。

十月、山門三院は、洲崎・河合は讒訴人により別心衆とされたと主張し、再度両名の弁明を聞いて糾明を遂げるように本願寺に掛け合っている。この要求に対し、証如は、両人の成敗は将軍の許可を得ており、誰の取りなしも受けることはできないと答えた。そして、両名は別心衆下田長門の成敗指令を謀書として従わないばかりか、証如に従う者を殺害・追放して勝手な振る舞いをするなど、加賀国内を乱した奴原《やつばら》（奴ら）なので、これを讒訴する人間などはおらず、糾明には及ばないと告げている。

その後も証如は山門三院に両名の取りなしをしないように要請をしているが、難航していた。そこで、本願寺の使者は、先の天文法華の乱《てんぶんほっけのらん》（天文五年（一五三六）法華宗と対立を深めた山門が、六角定頼の支援を得て法華一揆を破り、洛中の法華宗寺院を破却した事件。その後数年間、洛中で法華宗は禁教状態になった）の際に、本願寺は山門の援軍派遣要請を受け三万疋《さんまんびき》（三百貫文《さんびゃくかんもん》）を贈ったが、もし法華一揆の取りなしをしたら聞き入れてくれたのだろうかと質した。そのため、ようやく本願寺の本寺の立場にあった山門三院の一つ西塔院《さいとういん》を通じて山門全体の納得を得ることができた。このように、山門内には洲崎・河合の支持者が多数存在していたのである。

## 洲崎・河合支持者の存在

山門との交渉が難航していた同時期の加賀では、洲崎・河合の処分をめぐり、国人同士が鋭く対立し騒然としていた。そこで、十一月十日に証如は以下の指令を下した。

加賀四郡では、洲崎兵庫助と河合藤左衛門の成敗を納得しない者がいるため、国中を乱しており、その咎は重い。両名に限らず法義と諸事にわたり遵守することを命ずる書を遣わす。これは、四郡からの要請により下すものである。また、北二郡への返事も申下す。

（『天文日記』天文七年十一月十日条）

加賀四郡・北二郡（河北郡・石川郡）からの要請を受け、それぞれ宛に書状を送った経緯が記されている。しかし、これが各郡の総意ではないことは、証如自身が認めるところであり、証如の指令に従わず洲崎・河合を支持する勢力が少なからずいたのである。また、特に四郡の中で別途証如の返書が下されている北二郡は両名の勢力地盤であり、彼らの与党が多く存在し、反洲崎・河合派と激しく対立し争っていたことがわかる。しかし、反洲崎・河合派が本願寺宗主に純粋に忠実だったわけではない。

書状中で、法義や様々な宗主の指令を遵守することを記しているが、これらは前住実如の時代から、北二郡で貫徹できなかった内容である。洲崎・河合だけが法義の理解を中核とする指令を守らなかったのではない。実如時代からの北二郡の状況を勘案すると、むしろ北二郡内部の主導権争いの過程で、反洲崎・河合派が宗主の権威を利用し、少しでも優位に立とうとしたと見なすべきである。

北二郡内部の抗争による混乱を沈静化させるための指令を下した翌月の十二月に証如は、若狭守護武田元光《たけだもとみつ》から九月に依頼されていた対朝倉氏戦の加賀門徒の公式な軍事協力を断っている。その理由は、尾張守護斯波義統《しばよしむね》が越前奪回を目論み越前の朝倉氏を攻撃する際には、加賀に亡命している越前牢人らを誘うだろうから、これを黙認するので結果的に武田氏に合力したことになるだろうというものであった。この証如の回答から、甲斐氏ら越前牢人が依然として加賀に亡命していたことがわかる。加えて、洲崎・河合ら別心衆の与党が多数存在していたのであった。決して加賀国内の居住者は一枚岩ではなく、様々な思惑を持った者が混在していたのである。ちなみに、この三年後に、越前侵攻を計画した斯波義統自身から加賀門徒の軍事協力の要請が来たが、証如は謝絶している。

## 尼子《あまご》氏《し》と洲崎・河合の関係

翌年の天文八年（一五三九）八月十日に、尼子経久《つねひさ》・詮久《あきひさ》の書状が本願寺に届いたが、詮久の書状は洲崎・河合の赦免を斡旋する内容であった。尼子氏は前年の十一月と十二月に、下間頼盛・洲崎・河合及び本泉寺蓮悟ら加賀の元一門寺院（享禄の錯乱で没落した本願寺の元一門の顕誓・実悟）の取りなしをしないことを一旦は了承していた。それにもかかわらず、洲崎・河合両名に関してはこの時点でも、赦免の口添えを行っていたのである。そこで、証如は詮久への返書で、再度両名の赦免斡旋をしないように求めた。

尼子氏の対応における、下間頼盛・加賀の元一門寺院との明確な相違は、両名の立場が本願寺門末・内衆（主人に隷属する身分の家来・奉公人）の立場に収斂していないことを的確に示している。両名が本願寺の完全な支配下にあったのならば、尼子詮久は下間頼盛や加賀の元一門寺院とは別な扱いをしないはずである。尼子氏当主詮久自ら赦免の口添えを行っていることから、両名との深い繋がりが窺い知れよう。

加賀の近隣諸勢力や幕府のみならず、遙か遠国の戦国大名尼子氏も、加賀一揆の実力は認めるところであり、だからこそ一揆の首領洲崎・河合との関係を重視したのであった。一揆内部では抗争が継続しており、各郡では構成員が分裂していたのである。この抗争は、加賀一門寺院が没落した享禄の錯乱と同様に、どちらが勝利するか予断を許さないものであった。尼子氏としては、本願寺との友好関係を維持しつつ、加賀で洲崎・河合支持派が勝利する可能性も視野に入れて、両名との関係を維持していたと考えられる。それだけ証如の思惑を超え、加賀国内は争乱・抗争で混乱しており統制困難な状態であった。それがどのような結果になったとしても、加賀一揆との関係を重視したと考えられるのである。

### 加賀の抗争の要因

洲崎・河合の成敗をめぐる加賀の内部抗争は、国人らの欠所処分・跡職任命権行使を通じた支配権拡大の欲望が主な原因だった。すなわち、別心衆の跡職の扱いこそが、郡構成員の最大の関心事だったのである。ある者が洲崎・河合支持に回れば、これに対立する相手は本願寺側に付いいたであろう。また、これと全く逆の事例もあったはずである。そして、双方ともに、常に相手を別心衆として陥れようと虎視眈々とその機会を窺っていたであろう。さらに、本願寺側に付いたからといって、安閑としてはいられなかった。それは、本願寺の前宗主実如の死を境に加賀一門寺院とこれに対立する超勝寺・本覚寺の立場が全く逆転したことや、天文一揆で下間頼秀・頼盛兄弟が没落し誅殺されたことからも明白である。加賀の国人はこの推移を目の当たりにしていたのであった。彼らは絶えず優勢な側がどちらかを見極め、没落した者の跡職を狙っていたのである。

その後、洲崎兵庫助が越前の朝倉孝景《あさくらたかかげ》と連合して加賀に侵攻するとの報告を受けた証如は、十月七日に加賀に使者を遣わし、四郡・山内四組・超勝寺・本覚寺にその備えを命じている。この情報の実否は定かではないが、未だに洲崎兵庫助の勢力が侮りがたく、朝倉勢とともに加賀に攻め込むことは、かなりの現実味を帯びて本願寺に危機感を抱かせたのである。同時に、加賀国内に洲崎与党が存在し続け、予断を許さなかったことも考慮すべきである。

## 加賀の番衆、大坂寺内で武力行使する

天文十二年（一五四三）二月十二日、証如は嫡男《ちゃくなん》（顕如《けんにょ》）の誕生の祝儀として、加賀の長衆・

旗本衆らへ銭と進物を遣わした。十九日には、阿弥陀堂完成の祝いの能に加賀の長衆六十余人が参列し、二十一日の嫡男誕生祝いの能にも参列している。このように彼らは本願寺でそれなりの扱いを受ける立場にあった。一方、加賀と越前の国境は緊迫しており、六月に朝倉勢が侵攻してきたとの報告が本願寺にもたらされている。これに洲崎兵庫助が加わっていたことは確認できないが、同時に、証如の意図する通りに加賀門末が従順だったわけでもない。翌天文十三年（一五四四）十月に、加賀の番衆が厳禁されていた具足懸（武力行使）を本願寺の寺内で行い、証如から折檻を受けている。事件の原因は替銭《かえぜに》（為替）の返済をめぐるトラブルであった。この時点でも、加賀門末は自力救済を厳禁されていたにもかかわらず、こともあろうに番衆として上った本願寺で公然と行ったのである。

## 金沢御堂《かなざわみどう》の建立

天文十五年（一五四六）十月、加賀金沢の地に本願寺宗主が住持を兼帯する金沢御堂が完成した。十月二十九日、証如は金沢御堂に本尊の阿弥陀如来木仏・親鸞御影と絵伝・名号（阿弥陀仏に帰依することを意味する文字を書して表装したもの）・仏具などを下し、御堂衆《みどうしゅう》（仏事を務める役僧）を派遣したことを記している。しかし、同日に証如は、前月の九月に江沼郡で別心による争乱が起きていたため、番衆を下し他の三郡（石川郡・能美郡・河北郡）に対して鎮圧を命じている。当時、江沼郡では証如が禁じた徳政が強行されていたようである（浅香：一九八三）。まさに、金沢御堂建設中にもかかわらず、禁止事項が続いていたのだった。

天文十六年（一五四七）八月に証如は藤丸新二郎《ふじまるしんじろう》ら四名を除いた江沼郡を赦免したが、翌天文十七年（一五四八）八月には、能美郡山上組旗本徳田縫殿助《とくだぬいのすけ》と富岡新五郎《とみおかしんごろう》が、超勝寺を襲撃する事件が起こった。

超勝寺襲撃事件には四郡衆も参加したとの報告があるなど大規模なものであり、超勝寺は一時退去を余儀なくされた。証如は、徳田らは昨年謝罪をして別心を企てないことを誓約したにもかかわらず、加賀に戻るや超勝寺を攻めたあげく没落したとし、九月五日に石川郡・河北郡・江沼郡・山内に誅罰指令を下し、超勝寺の還住に協力することを命じている。赦免をされた者が繰り返し別心を起こしていたのだった。

これら二つの事件、「江沼郡錯乱《えぬまぐんさくらん》」と「超勝寺取懸《ちょうしょうじとりかけ》騒動」の原因は、金沢御堂設置に象徴される本願寺の加賀への統制強化に対して、郡・組が強く反発したためだと考えられる（川崎：一九六九、浅香：一九八三）。その後、金沢御堂は、宗主の代理人たる御堂衆が中心となり、加賀の支配を担い、北陸一帯の門末を掌握していくことになる。

## 元加賀一門派・別心衆の赦免

天文十九年（一五五〇）十一月、証如は加賀から退転した元一門の顕誓・実悟の侘言を聞き入れ赦免し、翌天文二十年（一五五一）二月には、元一門派の松任本誓寺《まっとうほんせんじ》や加賀の牢人四十名が赦免された。ただし、彼らの帰国は認められなかった。さらに、三月には洲崎孫《まご》四郎《しろう》が赦免されている。孫四郎と兵庫助との関係は不明であるが、天文二十二年（一五五三）六月には、洲崎孫四郎と河合藤左衛門《かわいとうざえもん》が、本願寺の内衆下間真頼《しんらい》の一周忌の会食に招かれている。河合藤左衛門は、河合八郎左衛門の一族であろう。

『朝倉始末記』では、証如の死後の天文二十四年（一五五五）の加賀四郡と朝倉氏との戦いについて、一揆勢の中に洲崎・河合がいたことが記されており（姓のみが記される）、両名は年代的に洲崎孫四郎・河合藤左衛門であると考えられる。また、天正四年（一五七六）五月時点で、加賀四郡の旗本徳田重清《しげきよ》と洲崎景勝《かげかつ》の名が確認される（『笹生文書《ささおもんじょ》』）。このうち、徳田重清も先の超勝寺襲撃事件で証如から誅殺指令を下された徳田縫殿助との関係は不明であるが、少なくとも洲崎孫四郎及び洲崎景勝は洲崎兵庫助の、徳田重清は徳田縫殿助の類縁とみなせるだろう。成敗・誅殺対象とされた者の類縁が、加賀において復権しているのである。

## 加賀の統制強化の実態

天文一揆後に、証如は、教団の立て直しの一環として加賀支配権の強化を志向したが、その道程はかなりの妥協を伴うものだった。すなわち、成敗・誅殺対象だった別心衆の赦免に象徴される硬軟両面の施策を進めざるをえなかったのである。別心衆の成敗自体が欠所跡職争奪に深く関わるものであり、加賀の在地（現地）の側でも、本願寺宗主の意向を名目として大いに利用し、別心衆の欠所跡職の差配を梃子に権益・支配拡大を目論んでいたのだった。本願寺は、在地の諸階層の利害と最大公約数的に一致することで、統制を進めていったのである。

## 五、美濃の争乱と一揆

前節では、天文一揆後の本願寺の加賀における支配権強化の実態を追ってみたが、他地域の門末の動向及び、証如の対応はいかなるものだったか。この節では、本願寺と和睦した近江守護六角氏も関わる美濃の事例を取り上げてみたい。

## 美濃の番衆、帰国を許可される

天文五年（一五三六）九月十九日、美濃の坊主衆から送られた飛脚が本願寺に到着し、警固のために本願寺へ上っている十人の番衆を下国させてもらいたいという申し出があった。それは、美濃での争乱が原因で、番衆を上らせ続けるのが厳しい状態になっていたためであった。美濃では守護家土岐《とき》氏の家督をめぐる内訌が続いており、土岐頼武《ときよりたけ》・頼純《よりずみ》父子方の斎藤《さいとう》彦九郎宗雄《ひこくろうそうゆう》が別府城《べっぷじょう》を攻撃したので、これに対抗する美濃守護土岐頼芸《よりのり》（頼武の弟）方の長《なが》井新九郎規秀《いしんくろうのりひで》（後の斎藤利政《さいとうとしまさ》、道三《どうさん》）が稲葉山城《いなばやまじょう》から別府城の救援に赴き背後から攻撃を加えようとしている動きがあった。長井勢が勝利したら、斎藤彦九郎に味方をしていた門徒が迷惑するため、対長井規秀戦で坊主分の衆らは山の麓へ退いていた。またこの戦いで、斎藤彦九郎を助勢するため、朝倉孝景と六角定頼は美濃へ軍勢を送り込もうとしていた。

このような情勢下で、美濃の坊主衆は番衆を美濃に戻してほしいと願ったのだった。証如はこれを認め、番衆を下国させている。この美濃番衆が率いる武装集団は、かなり強力な軍隊だったと考えられる（井上：一九六八）。当時は、本願寺は六角氏との和睦交渉の最中であったが、朝倉氏とは依然敵対関係にあった。しかし、美濃では結果的に本願寺の門末は、朝倉孝景と同様に斎藤彦九郎を支援したのであった。しかも、それを承知のうえで、証如は番衆を美濃に戻したのである。

翌月の十月二十一日に土岐頼芸から、伊勢の有力一家衆寺院長島願証寺《ながしまがんしょうじ》を通じて、本願寺に合力の要請がなされたが証如は断っている。この頼芸の動きについて、美濃の門末と斎藤彦九郎・朝倉孝景・六角定頼との連携を断ち切るために画策したものである、との指摘がなされている（高牧：一九七二）。

しかし、この頃に六角定頼は土岐頼芸と和睦し、頼芸方に転ずることになった。この両者の和睦は、証如に対し大きな影響を与えることとなり、本願寺は土岐頼芸との関係改善へ方向転換せざるをえなくなったものと考えられる。本願寺は、天文一揆の終結に向けて、同年八月に将軍足利義晴と、十一月には六角定頼と、和睦したばかりだったからである。特に、定頼は近江門末の破門を和睦条件とするなど一揆に対して厳しい態度で臨んでおり、証如はこれを承諾したばかりだった。

### 多芸《たぎ》一揆への対応

天文六年（一五三七）に西美濃の多芸郡で一揆が起こった。土岐頼芸は六角定頼に、本願寺が一揆に関与しているのかを問い合わせてきた。定頼は関与してないとの返事をしたが、この件について代表奏者の下間頼慶の書状を求めている。再度、土岐頼芸は一揆参加者の交名《きょうみょう》（人名を書き連ねたもの）を定頼に提出し問い合わせ、これが本願寺に伝えられた。

証如は定頼に対して、本願寺が多芸一揆に関与していないことを伝えたうえで、一揆蜂起について美濃の門末に確認する旨を約束した。そして、美濃の坊主衆に尋ねたところ、全く関知していないと回答したので、そのことを書面に記して頼芸・定頼へみせるように指示を下した。また、多芸一揆について、美濃で中心的な地位にあった末寺の西円寺《さいえんじ》が、斎藤彦九郎に以前に現地から報告された通りのことを本願寺に報告させたので、このことも六角氏に伝えさせた。

その後、本願寺に上っていた性顕寺《しょうけんじ》・西円寺・覚照《かくしょう》ら美濃の坊主衆に確認しても、全く知らないと答えたので、そのことを書いた書状に三人の加判《かはん》（花押《かおう》）を加えて六角方に送っている。そのうえ、斎藤彦九郎と多芸十日講《たぎとうかこう》に指示し、土岐氏に対して無礼な振る舞いをすることはない旨の書状を提出させ、その写を六角定頼に送らせた。

翌年の天文七年（一五三八）二月に、多芸郡からの報告が古橋専勝寺《ふるはしせんしょうじ》を通じて本願寺に伝えられた。その内容は、江北の浅井氏と土岐氏の戦いにより、不破郡《ふわぐん》ばかりが戦禍を被っており、そして、この時の戦いで多芸郡の高木が成敗された際に、近所の家七百間ばかりも放火乱暴されて迷惑しているので、本願寺から浅井氏に対して今後はこのような煩いが繰り返されないように申し入れてほしいというものであった。

その翌月には、多芸一揆と土岐頼芸との和睦交渉が進められ、一応の決着がついたようである。この交渉時に、証如は六角定頼の重臣進藤新介《しんどうしんすけ》が伊勢経由で美濃へ向かう際の道案内と警固を長島願証寺に命じている。多芸一揆とは一切無関係であると六角氏に回答したものの、暴走しかねない一揆を黙視し続けることはできなかったのである。現に親浅井派の福勝寺《ふくしょうじ》は、土岐氏に反発する多芸の門徒が状況次第で指令が出されれば直ちに戦う意思があるとの報告をしている。

## 迷走する証如

天文八年（一五三九）には、奥美濃《おくみの》（美濃北部）で新たな火種が起こった。八月下旬に畑佐《はたさ》氏《し》・鷲見《わしみ》氏を支援するために飛騨の三木直綱《みきなおつな》が美濃郡上《ぐじょう》郡に出兵し、九月十四日の戦いで勝利する。この戦いには、飛騨白川の有力寺院照蓮寺と提携する内島氏も畑佐氏方として参戦していた。敗れた野田《のだ》氏《し》（東氏《とうし》）・遠藤氏《えんどうし》は郡上郡の通路妨害に関わっていたらしく、これは本願寺にとって看過できない問題だった。享禄の錯乱以降、越前と加賀を結ぶ通路が封鎖されていたために、美濃・飛騨から北陸に通じる道は、本願寺にとって北陸支配の生命線ともいえる重要な通路であったからである。したがって、照蓮寺と内島氏の軍事行動は、本願寺の意向に沿ったものだった。

十月に三木氏と畑佐氏から本願寺に、郡上郡での戦いで末寺の安養寺《あんようじ》が敵方の野田氏・遠藤氏に加担したとの抗議があり、証如は安養寺を厳しく折檻すると答えている。安養寺は、郡上郡の門末を率いる有力寺院であったが、遠藤氏とは深い関係にあり本願寺に背く行動をしたのである。

しかし、翌月の十一月十二日に、今度は六角定頼から証如は厳しく詰問されることになった。その内容は、斎藤彦九郎宗雄の指令による内島氏の郡上侵攻について、内島氏は門徒であるそうだが本願寺はその軍事行動を了承していたのか否か、返答を強く求められた。しかも、その返答が来るまで通路を封鎖すると通告した土岐氏の書状も届けられた。

六角氏の詰問に対して慌てた証如は、二日後に返事をし、内島は幕府の奉公衆であるので本願寺の命令に服することはなく、その所領の支配についても知らないと釈明している。そのうえで、郡上に内島の被官《ひかん》(家来)が駐留していることは憤慨することであり、返すがえす内島が門徒であることは面向きなことであると答えた。そして、六角氏の抗議について内島氏に伝え、よく考えてわきまえるように指示を下した。これを受け、内島氏は郡上から撤退したようである。

## 美濃門徒の巧みな動き

証如としては、郡上経由の北陸への通路確保は重要案件であったが、それ以上に六角氏・

土岐氏と事を構えることは回避せねばならなかった。一方、この時点でも美濃では、多芸一揆と繋がりがある斎藤彦九郎宗雄が、守護土岐頼芸・斎藤利政（長井新九郎規秀が天文七年（一五三八）に改名、後の道三）と対立関係にあり、飛騨白川の内島氏とも結んでいたのであった。このように、土岐氏内部も依然として一枚岩ではなかったのである。さらに、美濃では武士を中心とする教団組織が強固であり（北西：一九六二）、土岐頼芸や後に頼芸を放逐した斎藤利政は、領国支配のために勢力を伸張させていた本願寺門末と妥協せざるをえなくなっていた。このような双方の思惑により、本願寺と土岐氏・斎藤氏の友好関係が構築されていたのである。そのため、現地の情勢次第で、証如は対応を変化させていたのだった。

天文十年（一五四一）十一月八日に、証如は改めて美濃・飛騨経由の北陸への通路確保のために、守護土岐頼芸とその家臣合わせて十名に対して進物を贈っている。その中の一人斎藤右衛門尉《うえもんのじょう》は、美濃の新道場三百余ヶ所が破却させられそうになった時に意見をして、十一ヶ所の破却のみで済ませてくれた本願寺にとって恩のある人物である。しかし、その後も美濃の各地では門徒による年貢未進が行われるなど、土岐氏・斎藤氏の支配に対する抵抗が続いており、土岐氏・斎藤氏からの依頼で、度々証如は年貢納入を門徒に命じている。

この時期、美濃では土岐頼芸・土岐頼純（頼芸の甥）・斎藤利政（道三）による三つ巴の覇権争いが繰り広げられていた。まさに、支配層の対立抗争の間隙を突いて、門徒は巧みに余剰留保に勤しんでいたのである。この覇権争いに勝利した斎藤道三は、本願寺及び門末との妥協を継続して、天文二十年(一五五一)正月に西円寺の寺領を安堵し、天文二十三年(一五五四)二月には居城稲葉山城の城下井ノ口《いのくち》の道場に土地を寄進している(高牧:一九七二)。この一連の美濃門徒の動向は、結果的に本願寺を利することに繋がり、証如も年貢納入を命ずるに留まっている。肝心なことは、何よりも、美濃を支配する武家勢力との全面衝突をさけ、北陸への通路を確保することだったといえる。

## 六、寺内町《じないまち》特権

天文一揆後の教団立て直しの重要な案件として、寺基を移した大坂寺内《じない》(寺院の領域、境内地)の領主権・経済基盤の確立が挙げられる。証如は細川晴元と和睦後に共存関係を構築し、大坂寺内の特権獲得の交渉を進めていった。その範としたのは、焼失した山科本願寺の寺内で認められていた諸公事免許《しょくじめんきょ》(年貢以外の様々な雑税の免除)などの特権である。

### 半済免除《はんぜいめんじょ》

天文五年(一五三六)六月、細川晴元は、摂津欠郡《かけのこうり》に半済(得分=収益の半分を守護に収める税)

を賦課した。欠郡は淀川以南の中島を除く東成郡《ひがしなりぐん》・西成郡《にしなりぐん》・百済郡《くだらのこうり》・住吉郡《すみよしぐん》の四郡で構成されており、晴元が分郡守護《ぶんぐんしゅご》（郡単位の守護）であった。本願寺は東成郡に所在しており、年貢・買得地《ばいどくち》（買い取った地）・下地《したじ》（所領）にいたるまで半済の対象とされた。山科本願寺焼亡後、大坂は本願寺にとって重要な地となり、本山としての機能を担うべく寺内の整備・拡大が進められていた。それに伴い、商工業者が集住する寺内町も発展していくことになる。そこで、寺内住民の領主として証如は、晴元に半済免除の申請をしたところ、本願寺の寺領と寄進地については認められたが、寺内の町人の買得地・所領は対象外とされた。しかし、その後の交渉で、寺内住民の寺内の外にある買得地・所領についても半済免除が認められることになった。

## 徳政《とくせい》・諸公事《しょくじ》の免除

天文七年（一五三八）五月十日、晴元は欠郡で徳政（債務を破棄する法令）を施行し、これが本願寺にも通告された。徳政は商取引の混乱を招き、都市経済の根幹を揺るがすものであり、債権者の私権が侵される法令であった（脇田：一九九四）。寺内での商取引を安定させるために、証如は五月十四日に、かって細川政元・細川澄元が本願寺に与えた徳政・諸公事《しょくじ》を免除する制札《せいさつ》（記載内容を保証する文書）を提示して、同じように免除してもらいたいと、木沢長政を通じて晴元との交渉を行った。その結果、七月九日に諸公事の免除の制札が、八月二十七日に徳政の免除の下知状《げちじょう》（命令・決定を下達する文書）が本願寺に下された。

天文九年（一五四〇）十一月七日には、晴元が欠郡の寺内居住者の出作分《でさくぶん》（寺内の外での耕作分）に対して段別米二升を徴収することを通告してきたが、証如は先に認められた半済・諸公事の免除を楯にして、これを拒否した。寺内という空間に限定する属地主義ではなく、寺内に居住する住民であることを根拠として特権を求める属人主義を貫こうとしたものと考えられ（峰岸：一九七六、遠藤：一九八五）、やがて、この特権は大坂の寺内域を越えていくことになる（金龍：二〇〇四）。

## 「大坂並《おおさかなみ》」体制の広がり

証如は、一連の守護方との半済・徳政・諸公事などの免除交渉を通じて、大坂の寺内を寺院領主たる本願寺の領有空間としての地（守護や大名など他の支配者による行政・警察・裁判・欠所処分権などの諸権限が及ばない地）として確立させることを志向したのだった（遠藤：一九八五）。その後、本願寺が獲得した特権は、大坂寺内に準じた特権＝「大坂並」として、天文の乱後に還住・再興が許されたり、新たに創建された畿内各地の宗主や本願寺一家衆が兼帯する御坊・寺院などの寺内・寺内町にも適用されることになった。そして、この特権は本願寺配下の末寺・道場にも下降し広がり、証如の後嗣顕如《けんにょ》の時代には、本願寺を頂点とし階層性を帯びた寺内町群が形成されるにいたった。しかし、それぞれの寺内・寺内町の成立過程や存在形態は多様であり、運営の主体が寺院から住民に移行する所もあった。これが、後の石山合戦《いしやまかっせん》(対織田戦)における各寺内・寺内町の対応の相違に繋がっていくことになる(脇田：一九九四、大澤：二〇一六)。

## 七、第三章のまとめ

本章では、前宗主の実如の死没により、わずか十歳でその跡を継いだ証如の動向及び、畿内や加賀・美濃の一揆についてみてきた。証如は、享禄の錯乱・天文一揆という本願寺に多大な影響を与えた二つの戦いに主体的に関わることになる。享禄の錯乱では、加賀の本願寺一門が没落し、後に宗主が加賀を直接支配する足がかりとなった。しかし、天文一揆では、山科本願寺焼失・多数の門末の犠牲・莫大な礼銭など大きな代償を支払うことになったのである(早島：二〇一五)。

天文一揆後に、証如は教団の立て直しと本願寺の地位向上に邁進するが、その一環として門末の統制強化を行い、特に加賀では聖俗にわたる支配権強化を志向した。だが、支配権強化に対して加賀一揆では、郡・組の別心が続くことになる。そのため、証如も一定程度妥協せざるをえなかった。そもそも、一揆構成員の関心事は、この時点でも欠所跡職の差配による権益・支配拡大であり、彼らは証如の意向を利用することで、別心衆の跡職を虎視眈々と狙っていたのであった。すなわち、証如の別心衆成敗指令に応じた者も、証如に忠実だったというわけではなかったことに注意を払うべきであろう。

証如は天文一揆終息後には、守護や戦国大名などの武家間の対立・抗争に対して距離を置き、自身が二度と戦いに関わることはなかった。しかし、美濃の事例からは、現地の門末の軍事行動に関して、その時々の情勢次第では、追認することもあったことがわかった。一方、美濃の門徒は、支配層間の覇権争いの中、証如から年貢納入の命令を度々受けつつも巧みに未進を続けており、余剰留保に励んでいたのであった。彼らは生活権の維持・向上を第一義的に考えていたと言える。覇権争いに勝利した戦国大名斎藤道三も、支配に抵抗を続ける門末に妥協せざるをえなかったのである。

証如は、寺基を移した大坂寺内の特権獲得に力を注ぎ、これが本願寺配下の寺内にも認められていった。しかし、本願寺末寺・道場を中心とした各地の寺内町の形成過程・存在形態は、一律ではなく多様であった。これが、継嗣顕如による石山合戦（対織田戦）参戦の呼びかけに対する対応の相違に繋がっていく。すなわち、各寺内町も、必ずしも信仰によりまとまっていたわけではなかったのである。石山合戦期に運営の主体が寺院から惣中に移行した寺内では、利権（経済特権）の維持こそが重要になっていたのだった（脇田：一九九四、大澤：二〇一六）。善知識《ぜんちしき》（往生浄土と念仏の教えを説く導き手、念仏の教えを授与する弥陀の使い）たる宗主証如を絶対視する（早島：二〇一五）思考が門末にあった一方で、現世における利権を優先する事例も多々あったのだった。

## 参考文献


青木馨「三河本宗寺について―土呂坊・鷲塚坊をめぐって―」（『同朋学園佛教文化研究所紀要』九号、一九八七年、同著『本願寺教団展開の基礎的研究―戦国期から近世へ―』法藏館、二〇一八年に改題し所収）
浅香年木『北陸真宗教団史論　小松本覚寺史』（能登印刷・出版部、一九八三年）
池上裕子『日本の歴史10戦国の群像』（集英社、一九九二年）
石田晴男「京・鎌倉府体制の崩壊」（峰岸純夫編『古文書の語る日本史5戦国・織豊』筑摩書房、一九八九年）
井上鋭夫『一向一揆の研究』（吉川弘文館、一九六八年）

今谷明『天文法華の乱　武装する町衆』（平凡社、一九八九年）
遠藤一「寺内について・覚書」（『真宗研究』三〇輯、一九八五年）、「戦国期本願寺教団における一揆的様相～番衆の場合～」（『龍谷史壇』九〇号、一九八七年）以上、二論文は、同著『戦国期真宗の歴史像』永田文昌堂、一九九一年に改題し所収
大澤研一「寺内町の構造と展開」（金龍静・木越祐馨編『顕如　信長も恐れた「本願寺」宗主の実像』宮帯出版社、二〇一六年）
岡村守彦『飛騨中世史の研究』（戎光祥出版、二〇一三年復刻、初出、一九七九年）
奥本武裕「天文一向一揆と大和の地域社会」（『奈良県立同和問題関係史料センター研究紀要』二二号、二〇一八年）
金沢市史編さん委員会『金沢市史』通史編1原始・古代・中世（金沢市、二〇〇四年）
川崎千鶴「加賀一向一揆の展開―内部構造の変質を中心に―」（『日本史研究』一〇六号、一九六九年、峰岸純夫編『戦国大名論集13本願寺・一向一揆の研究』吉川弘文館、一九八四年に所収）
神田千里『一向一揆と戦国社会』（吉川弘文館、一九九八年）、「天文の畿内一向一揆ノート」（千葉乗隆編『千葉乗隆博士傘寿記念論集　日本の歴史と真宗』自照社出版、二〇〇一年）、『戦争の日本史14一向一揆と石山合戦』（吉川弘文館、二〇〇七年）
鍛代敏雄『中世後期の寺社と経済』（思文閣出版、一九九九年）
北西弘「戦国大名と本願寺―武家門徒の問題をめぐって―」（『大谷学報』四一巻三号、一九六二年）
金龍教英「越中教団」（『講座蓮如』六巻、平凡社、一九九八年）
金龍静「「卅日番衆」考」（名古屋大学文学部国史学研究室編『名古屋大学日本史論集』上巻、吉川弘文館、一九七五年）、『一向一揆論』（吉川弘文館、二〇〇四年）

小山利明「畠山稙長の動向―永正～天文期の畿内―」（矢田俊文編『戦国期の権力と文書』高志書院、二〇〇四年）
白川村史編さん委員会『新編白川村史』上巻（白川村、一九九八年）
高澤裕一編『図説石川県の歴史』（河出書房新社、一九八八年）
高牧實「美濃における一向一揆覚書」（『大垣女子短期大学研究紀要』三号、一九七二年）
谷口研語『飛驒三木一族』（新人物往来社、二〇〇七年）
谷下一夢『増補真宗史の諸研究』（同朋舎、一九七七年）
辻善之助『日本仏教史』第六巻中世篇之五（岩波書店、一九五一年）
馬部隆弘『戦国期細川権力の研究』（吉川弘文館、二〇一八年）
早島有毅「戦国仏教の展開における本願寺証如の歴史的位置」（『体系真宗史料　文書記録編8　天文日記Ⅰ』解説、法藏館、二〇一五年）
藤井學「初期法華一揆の戦闘分析―山科・石山攻めを中心に―」（北西弘先生還暦記念会編『中世社会と一向一揆』、吉川弘文館、一九八五年）
本願寺史料研究所編『増補改訂本願寺史』第一巻（本願寺出版、二〇一〇年）
峰岸純夫「一向一揆」（『岩波講座日本歴史8中世4』一九七六年、同著『中世社会の一揆と宗教』、東京大学出版会、二〇〇八年に改題し所収）
脇田修『日本近世都市史の研究』（東京大学出版会、一九九四年）
脇田晴子『日本中世都市論』（東京大学出版会、一九八一年）

# 第四章　顕如《けんにょ》の時代――戦国末期の争乱と大坂退去

## 一、朝倉氏との攻防と和睦

　天文二十三年（一五五四）八月十三日に証如は死没し、嫡男顕如が本願寺十一代宗主となった。顕如の代は、中世から近世に移行する変革の時期にあたり（木越：二〇一六）、既に日本に伝来していた新兵器の鉄砲が使用されるなど、戦闘の様相も大きく変わっていった。まさに激動の時代に突入したのである。

　前章で触れたように、父の証如は、天文一揆後には武家間の抗争に関与することを回避したが、顕如は一転して、それまでの宗主とは比較にならないほどの大規模な争乱の渦に身を投じることになる。その関わり方は必ずしも受動的なものとは言い切れず、また、各地の一揆の動静も複雑多様であり、それぞれの本願寺との関係も一様ではない。

この章では、戦国末期の争乱における顕如・本願寺と各地の一揆の動静について、対朝倉戦から対織田戦に至る各戦国大名との戦いと和睦の過程を通じて、具体的にみていきたい。まずは、顕如にとって最初の軍事的な試練となる加賀の隣国越前を支配する朝倉氏との攻防を取り上げる。

## 朝倉勢の加賀侵攻

顕如が宗主となった翌年の天文二十四年（一五五五、一〇月に弘治《こうじ》に改元）七月二十一日に、本願寺と長年敵対関係にあった朝倉氏が加賀に侵攻し、加賀一揆勢との間で激戦が展開された。

七月二十三日、朝倉勢は加賀江沼郡の大聖寺城《だいしょうじじょう》・千足城《せんぞくじょう》・南郷城《なんごうじょう》を陥落させ、二十五日に敷地山《しきじやま》に陣替えをして、一帯の山麓を焼き払った。八月十三日に加賀四郡の一揆勢は反撃にでたが、朝倉勢に迎撃され大敗している。ところが、その二日後には、朝倉勢の総大将朝倉宗滴《そうてき》が陣中で急病となったため、越前一乗谷《いちじょうだに》に戻り治療を受けるも九月八日に死去する。

宗滴の代わりに総大将として当主の朝倉義景《よしかげ》から加賀に派遣された朝倉景隆《かげたか》は、九月十二日付の書状で、「敵は山内《やまのうち》に引き籠もり姿が見えない」と報告している（『四居《よつい》万治郎《まんじろう》氏《し》所蔵文《しょぞうもん》書《しょ》』）。その後、朝倉勢は江沼郡から能美郡・石川郡まで侵攻したが、翌年の弘治《こうじ》二年（一五五六）

三月には加賀一揆勢が船で越前の浦々を攻撃し焼討にするなど攻防戦が続き、戦況は膠着状態となった。

この時の戦いでは朝倉景隆の報告のように、加賀一揆は山内を軍事拠点にしていたと考えられる。山内は天険の地であり防御のみならず、戦闘の舞台となった手取川《てどりがわ》扇状地（加賀の平野部）へ軍勢を繰り出し、そこから引き返すことが可能だった。朝倉勢は手取川を越え進撃したものの、山内に踏み込むことはできず、かえって機動力を駆使した加賀一揆の船に領国の海岸を攻撃されてしまったのだった。

## 和睦をめぐる混乱

この間、十三代将軍足利義輝《あしかがよしてる》の仲介で和睦交渉が進められて、四月下旬に朝倉勢は加賀から撤兵した。この和睦交渉の最中、本願寺から交渉担当者として加賀に派遣された下間頼言《しもつまらいげん》が四月九日に毒殺されるという事件が起こっている。そのため、直ちに頼言の弟下間頼良《らいりょう》が加賀に派遣され交渉に当たった。頼言毒殺は、四月末まで秘匿されていたが（『私心記』弘治二年五月二日条）、それほど深刻な事件であった。本願寺の元加賀一門の顕誓は、この毒殺の犯人を対朝倉戦の主戦派で和睦に反対していた超勝寺顕祐《けんゆう》とし、そのため顕祐は加賀から越前に逃れたと記している。ここに、超勝寺による加賀門末の統率は終焉を迎えることになる

（福井県：一九九四、金沢市史編さん委員会：二〇〇四年）。

## 朝倉勢、加賀に再侵攻する

その後、加賀と越前はしばらく小康状態であったが、永禄《えいろく》七年（一五六四）九月一日に、再び朝倉景鏡《かげあきら》と朝倉景隆の両名を大将とする朝倉勢が加賀に侵攻した。翌日、大将に任ぜられなかった朝倉景垙《かげみち》が、その処遇に対して不満を抱き陣中で自害している。十二日には、朝倉義景自身も出陣し南加賀能美郡の本折《もとおり》・小松《こまつ》を攻略し、十八日に能美郡御幸塚《みゆきづか》を陥落させ、十九日に石川郡との境に近い湊川《みなとがわ》の際まで放火して、江沼郡の大聖寺城に番勢《ばんぜい》（守備兵）を置いて二十五日に一乗谷に帰陣した。

翌年の永禄八年（一五六五）二月に成田左衛門次郎《なりたさえもんじろう》と小山高朝《おやまたかとも》へ宛てた上杉輝虎《うえすぎてるとら》（後の謙《けん》信《しん》、煩雑さをさけるために以後本書では謙信に統一する）書状によれば、朝倉氏が上杉氏との申し合わせにより、人質を上杉氏に送り加賀に侵攻して上杉勢の出陣を待っていたが、関東出陣を優先するため加賀出陣を延期したことを告げている（『中山福太郎氏所蔵文書《なかやまふくたろうししょぞうもんしょ》』、『歴代古案《れきだいこあん》』）。

同年四月にも朝倉勢と加賀一揆勢との戦いがあり、六月に朝倉義景は上杉謙信に再度加賀への出撃を要請しており、越後の上杉氏との軍事提携により加賀を挟撃しようと図っていた。

## 本願寺と武田《たけだ》信玄《しんげん》の同盟

一方、本願寺は前年の朝倉氏の加賀侵攻に対し強い危機感を抱き、近辺の門末に甲冑《かっちゅう》を身につけ在陣するように指令し、遠方の門末にまで軍費の調達を命じている。そして、永禄八年（一五六五）三月、本願寺は甲斐《かい》の武田信玄と同盟を結び、上杉謙信との対決姿勢を明確にした。当時、加賀の隣国越中では、旧守護代家の神保《じんぼ》氏と椎名《しいな》氏との対立抗争が激化していたが、謙信の越中侵攻により神保氏が信玄と結ぶことになった。そのため越中は、武田氏と上杉氏との抗争の場と化していった。その後、それまで親上杉氏派だった椎名氏が武田氏・本願寺と通じたため、逆に越中の本願寺門末と友好関係にあった神保氏が越中一揆と敵対するといった、複雑な様相を呈することになっていく。これが、元亀《げんき》三年（一五七二）から始まる加賀北二郡（河北郡・石川郡）一揆・越中一揆と上杉氏との激闘に繋がることになる。

## 筆頭坊官下間頼総《らいそう》の加賀下向

永禄九年（一五六六）二月、顕如の奏者で下間氏の嫡流である頼総が対朝倉戦の指揮官として金沢御堂に到着した。既に、顕如は永禄二年（一五五九）十二月に正親町天皇《おおぎまちてんのう》の勅許により門跡《もんぜき》（天皇家・貴族の子弟が住持となる寺院及びその住持）となり、本願寺は最高の寺格を得て貴族寺院としての地位を確立していた。そして、門跡寺院として、庶務・事務を管理する坊官《ぼうかん》を置くことになり、下間一族らが任ぜられたが、頼総は筆頭坊官の地位にあった。側近中の側近である筆頭坊官を加賀に送るほど、顕如は対朝倉戦に並々ならぬ決意をもって臨んでいたのである。

同年三月に、下間頼総は石川郡の平岡野《ひらおかの》で、加賀北二郡の具足寄合《ぐそくよりあい》（軍勢の集結）を観閲し、その華麗さに驚いている。その後、頼総の下で朝倉氏との熾烈な戦いが行われた。翌年の永禄十年（一五六七）三月、朝倉氏の有力国人で加賀との結び付きがあった堀江景忠《ほりえかげただ》が謀反を起こし、加賀一揆勢とともに越前に攻め入り激戦となった。朝倉勢はこれを撃退し、景忠は加賀に亡命した。

## 亡命寺院の越前還住

既に、永禄九年（一五六六）十月に、越前敦賀《つるが》に滞在中の足利義秋《よしあき》（永禄八年（一五六五）五月に暗殺された十三代将軍義輝《よしてる》の弟で、後の十五代将軍義昭《よしあき》）が、朝倉氏と本願寺・加賀一揆との和睦を要請していたが、顕如は時宜ではないとし謝絶していた。しかし、堀江景忠と加賀一揆による越前侵攻が失敗した後、義秋の調停による和睦交渉が進められ、永禄十年（一五六七）十一月に和睦が成立した。その結果、加賀一揆側から本願寺の中級坊官杉浦玄任《すぎうらげんにん》の息子又五郎《またごろう》が人質として越前に送られ、朝倉勢と加賀一揆勢はそれぞれが拠っていた加越国境の城を破却し前線から撤退した。この時、加賀一揆の主戦派の石川郡と河北郡の面衆が、和睦に反対したため、下間頼総により悉く成敗されたという。

永禄十二年（一五六九）四月に正式に和睦が締結され、永正一揆以来、越前から国外に亡命していた本願寺の末寺は越前へ次々と戻ることになった。朝倉氏と本願寺・加賀一揆との和睦は、その後の対織田戦の同盟関係に進展することとなり、元亀二年（一五七一）四月には、朝倉義景の息女が顕如の嫡男 教如《きょうにょ》に嫁すことが約された。

## 二、三河一向一揆

徳川家康の三河統一過程で、家臣団を巻き込んだ一大事件である三河一向一揆に関する同時代史料は極めて少ない。編年史書である、成立年代・著者が不明の『松平記《まつだいらき》』と十七世紀初期に作成された大久保忠敬《おおくぼただたか》による『三河物語《みかわものがたり》』が、三河一向一揆研究の基本となっている。この二書に加え、父親が家康と同年代である渡辺重綱《わたなべしげつな》の『渡辺忠右衛門覚書《わたなべちゅうえもんおぼえがき》』（『守綱記《もりつなき》』）と水野勝成《みずのかつなり》の『水野勝成覚書《みずのかつなりおぼえがき》』（前者は父親の武功を、後者は父親と自身の武功を記した書）、幕府が編修した『寛永諸家系図伝《かんえいしょけけいずでん》』、十七世紀後期までには成立していたと考えられる三河一向一揆自体を題材にした『永禄一揆由来《えいろくいっきゆらい》』などが、三河一向一揆を知る手がかりとなる（愛知県史編さん委員会：二〇〇三）。

## 西三河の反家康派蜂起する

永禄三年（一五六〇）五月の桶狭間合戦後、松平元康《まつだいらもとやす》は父祖伝来の岡崎城《おかざきじょう》を拠点に西三河征圧に乗り出した。翌年、元康は今川義元《いまがわよしもと》を討取った織田信長《おだのぶなが》と同盟を結び、東三河へ侵攻し、それまで従属していた今川氏から離反する。

永禄六年（一五六三）には、元康の嫡男と信長の息女との婚約が成立し、元康は今川義元から与えられた「元」の字を捨てて家康に改名するなど、名実ともに今川氏と決別した（永禄九年（一五六六）に、松平から徳川に改姓）。そして、三河統一のために本格的な東三河掌握を進めていた。しかし、この年に西三河で反家康派の諸勢力が蜂起したのだった。

## 三河一向一揆の発端

本願寺の三河門末も蜂起し、『松平記』と『三河物語』では、一揆の開始を永禄五年（一五六二）と記しているが、翌六年であるとする説が有力である。その発端については、上宮寺《じょうぐうじ》または、本證寺《ほんしょうじ》への不入権《ふにゅうけん》侵害によるものであるとされる（新行：一九七五）。不入権は、守護などの支配者による警察権・課税のための立ち入りを拒否する権利である。一方、家康の不入権侵害そのものが事件の原因というよりは、反家康派との戦いのための強引な兵粮米《ひょうろうまい》（兵粮にあてる米）徴収をめぐるトラブルが原因であるとする指摘がなされている（村岡：二〇一〇、本多：二〇一〇）。

一揆蜂起時には、三河門末の頂点にあった一門寺院の本宗寺証専《ほんしゅうじしょうせん》は、門跡の法務を補佐する院家の立場にあり兼帯する播磨《はりま》の本徳寺《ほんとくじ》にいたため、一家衆の上宮寺・本證寺・勝鬘寺《しょうまんじ》の三河三ヶ寺が一揆を統率することになった。中でも、本證寺空誓《くうせい》は、顕如との血縁が近く三河門末を代表する立場にあった。

## 家康家臣団の分裂

一方、家康の家臣団には門徒が多く、彼らは一族として一揆方に与したり、一族が分裂して家康方と一揆方に分かれたりした。対一揆戦で家康の門徒家臣は、どちらに付くか決断を迫られたのである。また、門徒家臣ではない家康の重臣酒井忠尚《さかいただひさ》・一度は家康の軍門に降っていた吉良義昭《きらよしあき》・今川氏に属していた小笠原広重《おがさわらひろしげ》も、家康と戦ったが一揆と連携していた徴証はなく、それぞれが、四つの反家康勢力として個別に家康に対し、同時に反抗していたとする見解が注目される（平野：二〇一七）。

永禄六年（一五六三）末までに、本宗寺や三河三ヶ寺が家康との敵対を明確にし、一揆方に付いた家康の門徒家臣は三ヶ寺に立て籠もった。一揆勢は、本宗寺や勝鬘寺に近い土井《どい》城《じょう》を攻めている。翌年の永禄七年（一五六四）正月、一揆勢は、家康方の大久保一族が守備する上和田《かみわだ》砦を攻撃し、その外の各地でも攻防が繰り広げられた。二月半ば以降の小豆坂《あずきざか》の戦いで家康が一揆勢に勝利した直後に、家康と一揆との和睦交渉が進められ、二月末から三月初旬に和睦が成立したとみられる。

## 本願寺門末の三河追放

和睦条件として、家康はそれまで本宗寺や三河三ヶ寺に認められていた諸権利を改めて追認した。その中には、家康の家臣が本宗寺らから借りた銭や米＝借銭・借米の返済が含まれていた。しかし、家康に従った家臣には敵方から借りた銭や米の徳政が適用されたため、彼らはそれを楯に債務破棄を主張し返済に応じず、本宗寺らは訴訟に及んだらしい。

この紛争の裁定は不明であるが、家臣団の保護と本宗寺らの従来の権利を認めることが、矛盾を来すことになったのである。妥協案として、借銭・借米の利息分の破棄が提示されたが、それを拒否したため、永禄七年（一五六四）末以降に、本宗寺をはじめとする本願寺末寺や坊主衆は三河から追放されることになったと考えられる（平野：二〇一七、愛知県史編さん委員会：二〇一八）。彼らは、その後、信濃《しなの》方面に逃れたという。

三河門末の禁教解除と道場の再興が家康から認められたのは、実に三河一揆から二十年後の天正十一年（一五八三）であった。三ヶ寺の還住が認められたのは、さらにその二年後のことである。しかも、三河教団の頂点にあった本宗寺は旧地の土呂での再興は認められず、移転し顕如の次男顕尊《けんそん》が兼帯する平地御坊《ひらちごぼう》となる。また、一揆方に与した門徒家臣も一部例外を除き、家康への再出仕《さいしゅっし》（再び仕えること）は認められず牢人となった。後に再出仕を認められ家康・秀忠の側近として活躍した本多正信《ほんだまさのぶ》・正純《まさずみ》父子も、改宗を拒んだため追放されている。

## 家康、西三河を掌握する

反家康勢力の小笠原広重・吉良義昭は、永禄七年（一五六四）四月までに家康に降った。三河一向一揆終息後も抵抗を続けていた酒井忠尚も、最終的に家康に敗れ没落し駿河《するが》に逃れたと伝えられる。

永禄六年（一五六三）から翌年にかけて、三河一向一揆をはじめとする反家康勢力を征圧した結果、家康は西三河における覇権を握り、東三河への侵攻を再開して三河統一へと乗り出したのだった。また、三河一向一揆の敗北の結果、門跡寺院本願寺の院家本宗寺らが追放されたことで、その寺内特権が消滅した。これに関連し、三河での帰趨に注目していた織田信長は、やがて尾張《おわり》・美濃《みの》の寺内解体に乗り出すとする鋭い指摘がある（本願寺史料研究所：二〇一〇）。

## 三、上杉謙信との戦い

### 上杉謙信の越中侵攻

天文十二年（一五四三）から十三年（一五四四）の大乱を経て、越中は旧守護代家の神保氏と椎名氏との二大勢力の対立抗争の場となっていった。この間、越中の有力国人は二派に分かれ抗争に加わり、本願寺門末の中には関与するものもあったようだが、越中一揆として積極的な軍事行動をすることはなかったと考えられる。その後、永禄三年（一五六〇）の隣国越後の長尾景虎《ながおかげとら》（後の上杉謙信）による侵攻以来、神保・椎名の利害関係は錯綜し、抗争は複雑化する。上杉謙信の侵攻はその後も行われ、やがて、越中の門末さらには、本願寺・金沢御堂・北加賀一揆にも多大な影響を与えることになる。

永禄十一年（一五六八）三月、謙信は越中に侵攻し、放生津《ほうじょうづ》まで進軍し守山城《もりやまじょう》を攻撃しようとしていた。越中の本願寺の院家勝興寺顕栄《しょうこうじけんえい》は、謙信の出馬についてこれまで風聞があったが、現実のものとなったとし、永禄九年（一五六六）九月に能登から追放された守護畠山《はたけやま》義綱《よしつな》の帰国を助けるためであろうと推測しつつ、真の目的は自分らへの攻撃かもしれないと、危機感を抱いて金沢御堂に報告している。この間、本願寺は永禄八年（一五六五）三月に武田氏と同盟を結び、翌年四月には六角氏と同盟を結んでいた。

守山城には反畠山義綱派が籠もっていた。そのうえ、この年にそれまで上杉方だった椎名《しいな》康胤《やすしたね》が本願寺・武田方に転じたことにより、越中は上杉氏・武田氏双方の利害が衝突する場となっていた。しかし、越後の有力国人本庄繁長《ほんじょうしげなが》が武田信玄の調略《ちょうりゃく》（内応させるための工作活動、策略）により謀反を起こしたために、謙信は放生津から撤兵することになる。一方で、謙信は、越中支配のために寵臣《ちょうしん》（寵愛している家臣）の河田長親《かわだながちか》を魚津城《うおづじょう》に配している。

## 神保長職《ながもと》、越中一揆と敵対する

椎名康胤の反上杉氏への転換は、長年椎名氏と敵対していた神保氏に波紋を及ぼした。神保氏家中《かちゅう》（主君と家臣団の総体を示す擬制的同族の呼称）では路線対立が起こり、親上杉氏派と反上杉氏派＝親本願寺・武田氏派に分裂することになる。そして、親上杉氏派の神保氏当主の長職は、協調関係にあった越中の門末・一揆に対して一転して対決することを決意し、十月に射水郡西条《いみずぐんさいじょう》の反上杉派に攻撃を仕掛けてきた。これに対し、勝興寺顕栄は、砺波郡《となみぐん》五位庄《ごいのしょう》の門末に救援指令を下している。

翌年の永禄十二年（一五六九）二月には、本願寺も勝興寺の坊官に対して、以下の書状を下した。

神保長職が上杉方となり門末を攻撃し所々を放火し、何人も討取っており、敵対は疑いない。このことは武田氏からも宗主顕如に対し訴えがあったので、武田氏・椎名氏・諸牢人衆と相談し、長職を許すことなく戦うようにとの指令がなされた。（『勝興寺文書《しょうこうじもんじょ》』）

同年八月、上杉謙信は越中に再侵攻し、離反した椎名康胤の拠点である金山城《かなやまじょう》・松倉城《まつくらじょう》を攻撃し、新庄城《しんじょうじょう》まで勢力下に収めた。謙信は十月にも越中に出馬し、神通川《じんずうがわ》を越え越中西部まで進軍している。

## 加賀北二郡の越中派兵

元亀二年（一五七一）三月、神保長職の要請を受けて改めて謙信は越中に出馬し、この時も神通川以西の射水郡《いみずぐん》・婦負郡《ねいぐん》に進軍する勢いをみせた。これに危機感を募らせた顕如は、翌元亀三年（一五七二）五月、同盟者の武田信玄と提携し、椎名氏救援を名目とした対上杉戦のために、金沢御堂の坊官杉浦玄任《すぎうらげんにん》を指揮官とする加賀北二郡＝河北郡・石川郡の一揆を

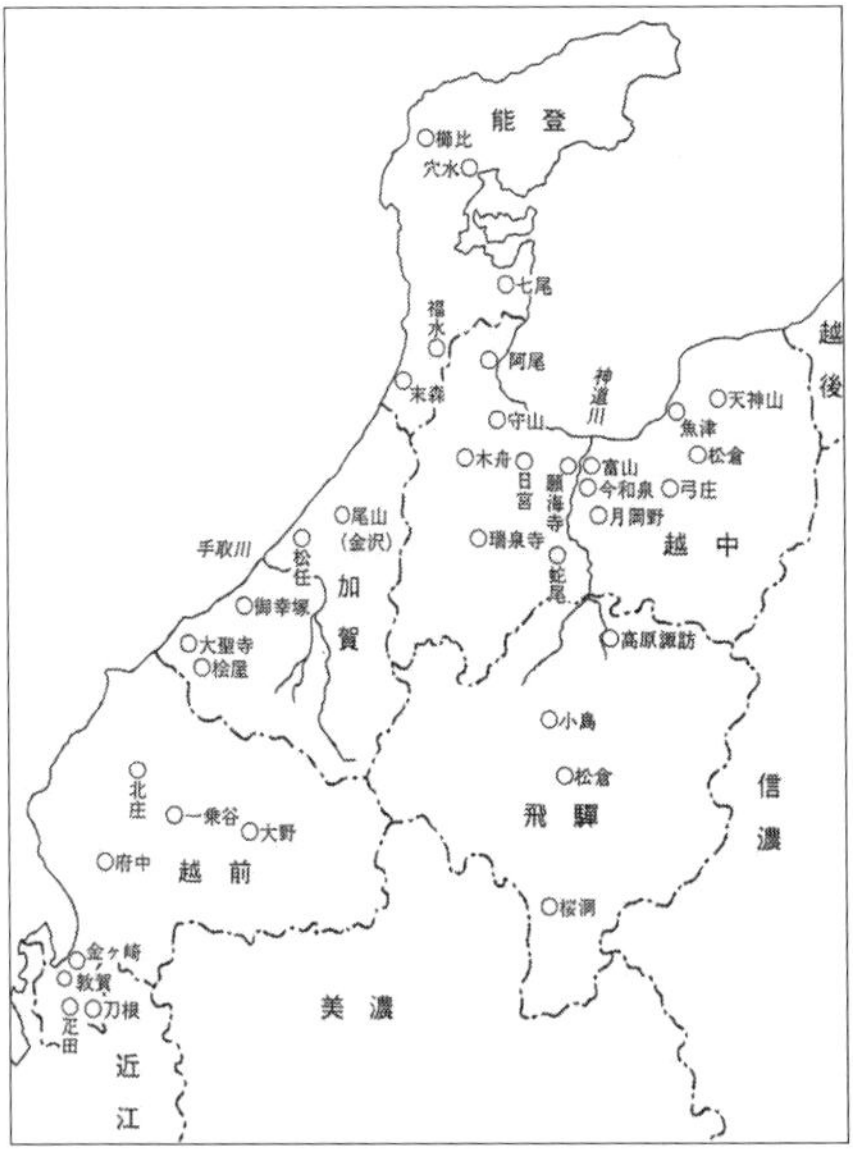


【越中・能登・加賀要図】
谷口克広『戦争の日本史 13 信長天下布武への道』
（吉川弘文館、2006 年）より

越中に派兵することを決定した。ここに、上杉勢と加賀一揆勢・越中一揆勢との戦闘が本格化することになった。

当時の越中の諸勢力は、統一行動は取っておらず、瑞泉《ずいせん》寺《じ》・勝興寺を中心とする一揆勢と武士勢力は、あくまで別組織であった。特に家中が分裂し抗争をしていた神保氏に代表されるように、越中の武士勢力の去就は複雑であった。この状況下で、越中一揆勢が独力で上杉勢と戦うことは困難であり、越中戦線において、加賀北二郡が重要な位置を占めることになる。

## 日宮城《ひのみやじょう》攻防戦

元亀三年（一五七二）五月二十三日、加賀北二郡一揆勢は河上《かわかみ》・五位庄方面に進軍してきたため、上杉方の神保覚広《ただひろ》ら日宮城将は、新庄城の鯵坂長実《あじさかながざね》に上杉勢の救援を求める書状（『上杉家文書』）を送っている。彼らにとって加賀北二郡が河上・五位庄に着陣することは、脅威そのものであった。書状中では、「早々と加賀勢が出陣してきたので、決して油断しないでもらいたい」と記しており、加賀北二郡への対応が越中戦線における勝敗の重要な鍵となると、前線の城将は認識していたのである。すなわち、上杉方についた越中の武将らは、国内の瑞泉寺・勝興寺を中心とした越中一揆以上に加賀北二郡一揆の動向に注意を払っていた。まさに、彼らにとって敵の主力は、加賀北二郡一揆勢だったのである。

日宮城将より、加賀北二郡の侵攻の報告及び救援要請を受けた新庄城の鯵坂長実は、翌日の五月二十四日に、このことを越後春日山城《かすがやまじょう》の謙信へ連絡している。その書状では、「今は大丈夫であるが、一揆勢が大軍で渡河してきたならば、後詰《ごづめ》（救援）の兵を送っていただきたい。」（『上杉家文書』）と書かれており、一揆が大軍であることを知り、敵が総攻撃を仕掛けてくれば、新庄城の上杉勢のみではとても支えきれないと相当な危機感を持ちつつ、越後からの後詰を要請していたのだった。

さらに同書状の追而書《おってがき》＝尚々書《なおなおがき》（本文の他に書きそえた文章）で長実は、「以前より御蔵衆《おくらしゅう》（物資の徴収・管理する役職と考えられる）に伝えている玉薬《たまぐすり》（火薬）のことだが、春から方々で鉄砲を使用しているため、不足しているので少し補給してもらいたい。煙硝《えんしょう》（火薬の原料）・鉛（弾の原料）でも構わない。」と頼んでおり、一揆勢の攻撃に対して火薬が不足しており、逼迫した状況におかれていたことが窺える。対一揆戦では、鉄砲が重要な位置を占めていたことが知られ、長実は弾薬不足を心配していたのである。

## 一揆勢の鉄砲の威力

同年八月晦日付の書状で、瑞泉寺顕栄は金沢御堂へ対上杉戦の状況について次のように報告している。「越中戦線は問題なく、昨日は上杉勢が攻め込み、今夜は銃撃戦が繰り返された。変化があれば、報告します」（『坪坂文書《つぼさかもんじょ》』）。上杉勢と一揆勢との間で、銃撃戦が行われていたことが確認できる。

上杉謙信は既に同月六日に越中に出陣していたが、九月十日に、関東の防備に当たらせていた上田衆（越後魚沼郡《うおぬまぐん》の兵）を越中へ参陣させることにした。その三日後には、行軍の時の注意を与えており、一揆勢の銃撃に対して十分に警戒するように促している。謙信は鉄砲の威力を認識していたのだった。

加賀北二郡一揆勢の鉄砲の威力を知る手がかりとなる史料として、朝日山城《あさひやまじょう》攻撃時の状況を伝えた八月七日付吉江《よしえ》景資《かげすけ》夫妻宛の謙信書状がある（『中条家文書《なかじょうけもんじょ》』、書状の年紀については、天正《てんしょう》元年（一五七三）と天正二年（一五七四）に比定する二つの学説に分かれている）。この中で謙信は、柿崎源三《かきざきげんぞう》・中間《ちゅうげん》（侍より身分の低い家臣）の孫四郎《まごしろう》が、一揆勢の銃撃で死傷したことに触れている。特に、銃撃について、景資の息子で謙信の寵臣景泰《かげやす》（中条景泰）と資堅《すけかた》（謙信の側近、景資の猶子《ゆうし》か）に危険であると注意したにもかかわらず、敵の鉄砲に向かって駆け出してしまったので、小嶋《こじま》に頼んで引きずり戻させたことを知らせたうえで、忠告を聞かず傷を負ったり、討死しても責任は持てないと言及している。そして、景泰を討死させるわけにはいかないので、戦闘に参加できないように押し込めたことを伝え、今後は父親の景資の元に置くしかないと述べている。

　謙信が書状で記した朝日山城攻防戦において、一揆勢は多数の鉄砲を装備し、上杉勢に対し銃弾を雨あられのように撃ち込んでいる様子が窺えるのである（上越市史編さん委員会：二〇〇四）。

## 上杉謙信の出馬

　日宮城攻防戦に話を戻すと、元亀三年（一五七二）六月、十分に鉄砲を装備した加賀北二郡一揆勢は、日宮城を攻落する。この間、日宮城の救援に向かった上杉方の鯵坂長実・河田長親・山本寺定長《さんぼんじさだなが》は、五福山《ごふくやま》を攻めることになった。しかし、一揆勢の大軍に迎撃され、神通川渡場で敗北する。勝利した一揆勢は、通路を遮断して、上杉方の連絡・伝達を困難にさせた。

越中戦線における上杉勢劣勢の報告を受けた謙信は、八月六日に越中に出陣し、八月十八日に新庄《しんじょう》に着陣する。これに対し一揆勢は富山《とやま》に布陣し臨戦態勢をとった。その後、一揆勢と上杉勢との間で激しい戦闘が続いた。

八月二十日以降、杉浦玄任は金沢御堂に対し、加賀南二郡＝能美郡・江沼郡の越中への来援要請をしている。しかし、同時期に南二郡一揆は朝倉・浅井勢とともに対織田戦に当たっていた。対上杉戦は、武田信玄との連携により遂行されていたが、織田信長との戦いも既に二年前から行われていたのである。

## 上杉謙信、越中東部を征圧する

九月に謙信の要請に応えた飛騨の江馬輝盛《えまてるもり》が参陣するなど上杉勢は増強され、一揆勢の多くが富山城から日宮方面に退去した。勢いに乗った謙信は安養寺《あんようじ》を攻撃し、神通川を越えて滝山城《たきやまじょう》を落城させている。その後、謙信は対武田・本願寺戦のために織田信長との同盟を結び、そのまま越中に在陣し続けた。ちなみに、謙信と徳川家康との対武田戦の同盟は元亀元年（一五七〇）に成立している。

　翌年元亀四年（一五七三）正月、一揆方の椎名康胤が再び上杉方に転じ、同じ月に一揆が和睦を求め富山城を開城した。そこで、謙信は越後に帰陣することにしたが、武田信玄の使僧《しそう》（使者として遣わされ、外交を担当する僧）長延寺《ちょうえんじ》実了《じつりょう》の画策により、一揆勢は富山城に戻ってしまった。謙信も引き返し、富山城の向城《むかいじろ》＝付城《つけじろ》（敵の城を攻撃するために築いた城）を稲荷《いなり》・岩瀬《いわせ》・本郷《ほんごう》・二宮《にのみや》・押上《おしあげ》の五ヶ所に急遽構築させた。これに対し一揆勢は、神通川の東では富山城のみで、神通川の西に陣取るばかりであった。その結果、謙信は富山城を除く越中東部を完全に支配下に置くことになった。

## 上杉謙信、越中西部へ侵攻する

　四月、謙信は越中に部将を配備し、二十一日に春日山城に戻ったが、これに先立つ十二日に武田信玄が病死していた。信玄の死の情報は、二十五日に飛騨の河上富信《かわかみとみのぶ》から越中の河田長親にもたらされ、晦日に長親が謙信へ報告している。

　信玄は、本願寺の有力な同盟者であり、その死により各地の戦局が大きく変化する。これは、越中戦線にも影響を与えることになった。当時、謙信に対する戦略で、信玄は信濃方面で謙信を牽制する動きを示していた。この情勢下で信玄は、本願寺・加賀北二郡・越中一揆との連携により、越中戦線に謙信を釘付けにすることで、軍勢を西上させ三河に侵攻していたのである。

信玄の死により武田氏の脅威が緩和されたと判断したのか、謙信は越中方面へ集中し、越中西部への侵攻を強め、同年末には越中の大半を支配下に置くことになる。また、八月と九月には本願寺の同盟者朝倉義景・浅井長政《あざいながまさ》が織田信長に滅ぼされており、加賀の南隣国の越前は信長の領国となってしまった。

翌年天正二年（一五七四）に越前では信長配下の部将が駆逐され、本願寺政権（本願寺・金沢御堂から派遣された坊官による政権）が成立し、対上杉戦の指揮官杉浦玄任は越前の大野郡司《おおのぐんじ》の任に就いていることから、それ以前に、加賀北二郡は越中から撤退していたと考えられる。瑞泉寺・勝興寺など越中一揆の頭目の際立った行動は確認できないが、反上杉派の武将らが、増山城《ますやまじょう》・栂尾城《とがのおじょう》・湯山城《ゆやまじょう》で謙信に抵抗を続けていた。いずれにせよ、武田信玄の死に伴う謙信の本格的な西部への侵攻により、越中一揆の勢力は後退を余儀なくされたのだった。

## 上杉謙信、加賀まで侵攻し放火する

天正三年（一五七五）八月には、反上杉派の反乱鎮圧のために越中に出陣した謙信は、加賀まで侵攻し所々を放火したが、関東への出陣の必要もあり、加賀一揆側の降伏の求めに応じ越後に帰陣している。この時の謙信の主眼はあくまで越中平定であり、越中と加賀の国境を守備していた加賀北二郡の一揆勢は降伏を望んだが、それは国境の攻防戦という局地戦での降伏を申し出たものである。したがって、加賀北二郡は謙信に従属したわけではなく、謙信も加賀北二郡を支配下に収めたわけではない（上越市史編さん委員会：二〇〇四、竹間：二〇二〇）。

ちなみに、この加賀侵攻を伝えた八月二十二日付の二通の謙信書状（『歴代古案』・『奈良原《ならはら》文書《もんじょ》』）について、天正元年（一五七三）または天正二年（一五七四）と比定する説もあるが、そのうちの北条高広《きたじょうたかひろ》・景広《かげひろ》宛謙信書状（『奈良原文書』）では、高広・景広父子はそれぞれ受領名《ずりょうめい》（大名が朝廷の許可無く独自に家臣に与えた非公式な官名＝国司の役職名）の安芸守《あきのかみ》と丹後守《たんごのかみ》と記されている。両名が受領名の安芸守・丹後守を使用するのは天正二年（一五七四）十一月であるため、これら二通の謙信書状は天正三年（一五七五）と比定される（柴：二〇一八）。

## 四、石山合戦《いしやまかっせん》（対織田戦）

### A、対織田戦と近江一揆

#### 織田信長の征服戦

永禄十一年（一五六八）九月、織田信長は足利義昭（同年四月に義秋から改名）を擁し、上洛を果たした。翌月に義昭は、十五代将軍に就任する。信長は将軍の権威を背景にその委任により、「天下の儀」（当初は、京都及びその周辺の畿内の支配、将軍を頂点とした幕府の秩序を意味していた）を管掌することになった。そして、「天下静謐《てんかせいひつ》」（天下の平和と安寧を維持する）を大義名分とした、際限のない征服戦を展開して分国《ぶんこく》（領国・支配地）の拡大に邁進していく。しかし、本願寺の挙兵により、天下静謐自体が大きな危機に陥ることになる（池上：二〇一二）。

## 石山合戦開始

元亀元年（一五七〇）七月二十一日、信長・義昭と敵対する三好三人衆《みよしさんにんしゅう》（三好長逸《ながやす》・三好宗《そう》渭《い》・岩成友通《いわなりともみち》）が阿波《あわ》から渡海して摂津の中島・天満森《てんまがもり》に布陣し、野田《のだ》・福島《ふくしま》に砦を構築した。義昭は、これを信長に報じ、畿内の守護に三好三人衆の追討を命じた。

信長は八月二十日に岐阜を発ち二十三日に京都に入り、二十五日に摂津に向けて出陣した。翌日には天王寺《てんのうじ》に布陣したが、そこは本願寺の南方の至近距離に位置していた。三十日には、信長の要請で義昭も出陣している。三好三人衆は野田・福島の砦に籠もったが、九月八日に信長は天満森に本陣を移し、さらに十二日に野田・福島により近い海老江城《えびえじょう》に義昭とともに移動し攻撃を行った。

戦況は信長優勢で進んでいたが、その夜に本願寺が挙兵し織田勢に攻撃を仕掛けた。これにより、十年に及ぶ石山合戦（対織田戦）が開始された。なお、「石山」という地名は当時なく（吉井：一九九三）、戦いの呼称は研究者によって異なっている。本書では、これまで広く一般的に使われてきた「石山合戦」の名称を用いることにする。

『細川両家記《ほそかわりょうけき》』では、本願寺の挙兵を予期せずに「信長が仰天した」と記しているが、九月六日の時点で、奈良の興福寺《こうふくじ》大乗院尋憲《だいじょういんじんけん》が、「世間の風聞では、大坂（本願寺）から諸国の門末に対して一揆蜂起を呼びかけたらしい。」（『尋憲記《じんけんき》』元亀元年九月六日条）と記しているように、本願寺の指令による一揆蜂起が起こるかもしれないとの噂が流れていたのである。

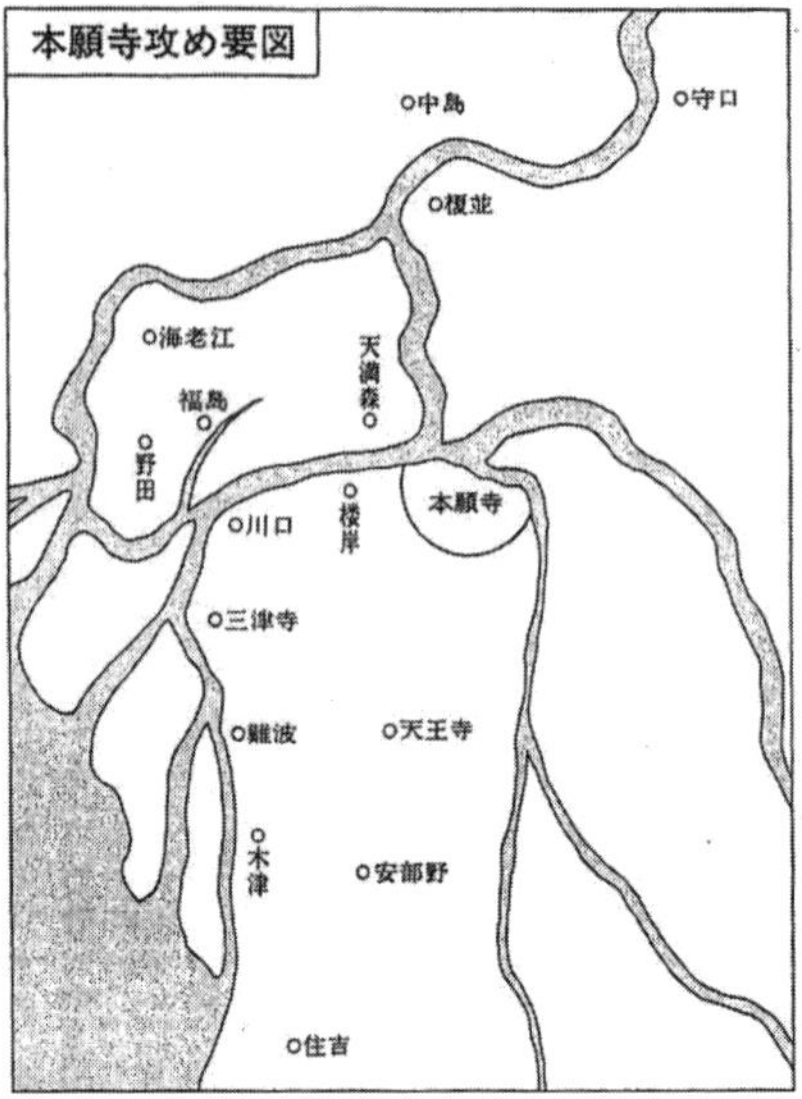

谷口克広『織田信長合戦全録』
（中公新書 1625、2002 年）より

『信長公記《しんちょうこうき》』でも、九月十二日時点で「（三好三人衆方の）野田・

福島が陥落すれば、大坂（本願寺）も滅亡することとなると思ったのだろうか」と織田方の攻撃を本願寺は覚悟し危機感を抱いたとみている。また信長は、既に九月八日の時点で本願寺に対する相城《あいしろ》（付城、城を攻撃する側が築いた砦や櫓）を構築するなど、本願寺の挙兵を十分に予測していたとの指摘がある（仁木：一九九七）。

## 諸国門末の動静

これに先立ち顕如は、九月二日奥美濃《おくみの》（美濃北部）郡上の門徒に、九月六日近江中郡の門徒に対し、信長が本願寺を破却すると通告してきたので、親鸞以来の法流を守るため命を惜しまず忠節を尽くすことを求めている。そのうえで、これに応じない場合は、破門すると通達している。しかし、実際に信長から破却通告があったのかは不明であり、挙兵の理由については学説が分かれている。

顕如は、諸国の門末に参戦を呼びかけたが、全ての門末が応じたわけではなかった。前章六節でも触れたが、畿内の寺内町でも富田林《とんだばやし》など信長に敵対しなかったところがあった（脇田：一九九四、鍛代：一九九九、太田：二〇一〇、堀：二〇一四）。また、本願寺の主力となった雑賀《さいか》門徒を中心とした一揆が参戦したのは、天正期（一五七三〜）であるとの指摘がなされている（武内：二〇一六）。

将軍義昭は、織田方の立場にあり本願寺を義絶した。この報復措置として、金沢御堂から戻り石山合戦の総司令官になった本願寺筆頭坊官下間頼総は、加賀国内にある将軍の御料所《ごりょうしょ》（直轄地）と幕府直臣《じきしん》（将軍の直属家臣、御家人）の所領について、本願寺の家臣が代官（荘園管理の職務を代行する役職）を請負っている場合を除き、年貢を金沢御堂御蔵方《おくらかた》に納めるように指示している。

## 志賀《しが》の陣《じん》——朝倉・浅井勢、進軍する

石山合戦直後、本願寺と同盟関係にあった朝倉義景と浅井長政が、六角氏の軍勢・江北一揆（湖北＝琵琶湖の北部の一揆）・湖西一揆（琵琶湖の西部の一揆）・加賀南二郡の一揆とともに、近江坂本に出陣する。二十日に森可成《よしなり》・織田信治《のぶはる》ら織田方の部将が討取られ、大津などが放火された。その前日から大坂における戦闘では、本願寺・織田方双方で戦死者を多数出したが、二十一日には、朝倉・浅井勢と一揆は、山科・醍醐を放火し、京都に迫っていた。この報告を受けた信長は対朝倉・浅井戦のために急遽大坂からの撤兵を決意し、二十三日に義昭と京都に戻ることになる。

帰京した信長は、翌日の二十四日には近江進撃を開始した。そのため、朝倉・浅井勢は、京都から比叡山に移動し、青山《あおやま》・壺笠山《つぼかさやま》などに兵を配備して対峙した。十月中旬に朝倉義景

は上坂本《かみさかもと》に陣を移した。その後、朝倉勢と織田勢との間では、十一月二十六日に堅田で本格的な戦闘が行われただけで、膠着状態が続いていた。一方、十一月二十一日には、西尾張の小木江《こきえ》城に在城していた信長の弟信興《のぶおき》が、伊勢の長島一揆により攻め殺されてしまった。

## 織田信長、危機を脱する

不利な状況の信長は幕府・朝廷に働きかけを行い、堅田合戦の二日後に将軍足利義昭と関白二条晴良《にじょうはれよし》が和睦の仲介に乗り出し（谷口：二〇〇二、二〇〇六）、和睦交渉が進められていく。延暦寺の反対で交渉は難航したが、最終的に和睦は成立し、十二月十四日に織田勢が、翌日には朝倉・浅井勢が撤兵した。

この間、一揆蜂起に参加しなかった本願寺の尾張の末寺聖徳寺《しょうとくじ》は、信長から存続を保証されている。その旨を記した書状（『聖徳寺文書《しょうとくじもんじょ》』）では「蜜柑と白鳥」の贈答に対する礼が述べられている。ちなみに、この聖徳寺は、信長と斎藤道三が会見をした場所でもあった。敵対しない門末に対しては、信長が攻撃を加えない一事例である。

## 筆頭坊官下間頼総の生害事件

翌年の元亀二年（一五七一）は、大坂では本願寺と織田勢との間で直接の戦闘はなかったが、本願寺内部では年末に重大な事件が発生している。顕如の側近中の側近で総司令官の筆頭坊官下間頼総が突如寺内から追放され、生害《しょうがい》（自害・殺害される）となったのである。この頼総生害に関する史料は極めて少ない。

『下間系図』では、顕如の命令ではなく雑賀衆に殺害されたと書かれているが、その年は永禄十二年（一五六九）としている。しかし、元亀二年（一五七一）十一月二十四日付の朝倉義景らに宛てた顕如書状では、詳細は頼総が説明すると記していることから、この時点では頼総が生存していて、それ以後に死んだことは確かである。頼総生害について、二条宴乗《にじょうえんじょう》の日記『二条宴乗記《にじょうえんじょうき》』には、元亀二年十二月九日と十九日条に記されている。

> 九日、本願寺は河那部左衛門大夫《かわなべさえもんのたいふ》を生害させた。下間頼総も寺内から追放された。
> 十九日、大坂へ源六が遣わされた。近衛前久《このえさきひさ》の子息興福寺一条院尋勢《いちじょういんじんせい》の御社参《おんしゃさん》始め（始めての神社参拝）の装束を十二・十三日頃に必ず贈られるとの約束がされていたが、未だなされていない。下間頼総の生害が原因で、本願寺が混乱しているためである。

前関白近衛前久は、信長に擁されていた足利義昭と対立したため、永禄十一年（一五六八）十一月以来京都から逃れて大坂に滞在中であった。二条宴乗は、一条院尋勢に仕える坊官である。頼総の生害について触れているが、その理由については言及されていない。おそらく、真相が分からなかったのだろう。

下間正秀《しょうしゅう》（頼資《らいし》）は、十二月二十六日付近江蒲生郡興敬寺《がもうぐんこうきょうじ》宛書状で、

　下間頼総が思いがけなく死んだが、本願寺は特に変わりがないので、心配ない。

と知らせている（『興敬寺文書《こうきょうじもんじょ》』）。年代は記されていないが、頼総死後の本願寺の状況を伝えていることから、元亀二年（一五七一）と判断される。先の『二条宴乗記』の内容からは、本願寺内部が変わらないということは考えにくく、ひたすら動揺を隠そうとしている様子が窺える。いずれにせよ筆頭坊官下間頼総は、理由は不明であるが突然生害に追い込まれたことは確かである。頼総の死により、一族の下間頼廉《らいれん》が本願寺の総司令官となった。

### 三宅城《みやけじょう》・金森城《かねがもりじょう》の陥落

同年の五月六日、浅井長政は居城の小谷城《おだにじょう》から出陣し、部将に織田方の鎌刃城《かまはじょう》を攻撃させたが、横山城の木下秀吉《きのしたひでよし》（後の豊臣秀吉《とよとみひでよし》）の救援により敗退している。この時、浅井勢には江北一揆も加わっていた。九月三日には織田方の攻撃により江南（湖南＝南近江）一揆の拠

点金森城が陥落した。

元亀三年（一五七二）正月、本願寺の同盟者六角承禎《じょうてい》・義治《よしはる》父子が江南一揆とともに、三宅城《みやけじょう》・金森城に籠もり、織田方に反撃を開始した。そのため、この地の支配に当たってい
た織田方の佐久間信盛《さくまのぶもり》は、織田信長の命により、周辺の村々の代表者に六角氏・一揆方に内通しないことを誓約させる起請文《きしょうもん》（誓紙《せいし》＝記載内容に偽りがないことを相手に表明する文書、神仏に誓うのもある）を提出させた（元亀の起請文）。しかし、三宅城・金森城は同年七月にようやく落城したのである。

## 江北一揆の奮戦

一方、江北一揆の首領江北十ヶ寺（福田寺《ふくでんじ》などの江北の末寺）は、浅井勢とともに織田方と戦い続けていたが、同年五月十日付十ヶ寺惣衆宛下間正秀書状（『誓願寺《せいがんじ》文書』）によれば、朝倉勢の緩慢な動きにより、味方すると思われた国侍《くにさむらい》（地方の侍、地元の侍）の気が変わったことを危惧している。また、同書状では、先陣は常に一揆勢に任されていることに対して迷惑しているので、浅井長政に交代してもらいたい旨を、十ヶ寺が本願寺に対して要請したことに触れている。北近江における対織田戦で、江北一揆は主力となり戦っていたのである。

天正元年（一五七三）八月に朝倉氏が九月に浅井氏が相次いで滅亡し、織田信長は木下秀

吉を浅井氏の旧領の支配に当たらせた。その後も、江北十ヶ寺は、連判《れんぱん》して織田方と通じないことを誓約している。しかし、近江での大勢は、ほぼ織田方に傾いていた。湖西の堅田では、既に元亀元年（一五七〇）の時点で、諸侍が織田方と本願寺の院家慈敬寺《じきょうじ》方とに分裂していた。

## 足利義昭の挙兵と降伏、追放

元亀四年（一五七三、七月に天正に改元）二月、前年から織田信長との確執が深まり修復が困難となっていた将軍足利義昭が、信長追討の挙兵を決意した。義昭の側近三井寺光浄院暹慶《こうじょういんせんけい》（山岡景友《やまおかかげとも》）らが本願寺の門徒を糾合し、石山（南近江の石山）と今堅田に砦を構築したが、信長の部将明智光秀《あけちみつひで》・柴田勝家《しばたかついえ》・蜂屋頼隆《はちやよりたか》・丹羽長秀《にわながひで》により征圧されてしまった。

この時期、足利義昭・本願寺・朝倉義景・浅井長政と提携した武田信玄が、前年から信長との対決姿勢を明確にして三河侵攻を続けていた。また、畿内の国人の中にも、義昭に通じる者が出ていた。窮状を打開するために、信長は義昭との和睦交渉を試みたが、義昭は拒否した。

三月二十九日に信長は入京し、四月二日と三日、義昭を威嚇するため京都郊外を放火し、四日には、義昭が籠もる二条御所《にじょうごしょ》を包囲して信長に反抗的な上京《かみぎょう》を放火した。そのため、義昭はようやく和睦に応じることになる。

信長は岐阜に戻る途中、六角義治らが湖東《ことう》の鯰江城《なまずえじょう》に立て籠もり敵対していたので、これを攻撃した。その際に逗留していた天台宗の百済寺《ひゃくさいじ》が六角勢や一揆に通じていることを知ったため、四月十一日に百済寺の全伽藍《がらん》（寺の建物）を焼討にしている。

七月三日、将軍足利義昭は、再び信長打倒のために挙兵し京都南郊外の槇島城《まきしまじょう》に籠もったが、信長が大軍で押し寄せたため、七月十八日にあっけなく降伏してしまう。信長は義昭を追放し、ここに室町幕府が滅亡した。その後、信長は義昭に味方した畿内の諸勢力の掃討を行っている。

## 第一次和睦

同盟者の滅亡・敗退が相次ぐ中、本願寺は信長と交渉し十一月までに一回目の和睦を成立させた。なお、一回目の本願寺と信長の和睦は、前年の元亀三年（一五七二）に成立したとする説がある（谷下：一九七七、本願寺史料研究所：二〇一〇）。

天正二年（一五七四）四月二日、本願寺は信長に対し二度目の挙兵をし、織田方の摂津中島城を落城させた。これに呼応し河内の高屋城に反織田勢力が結集し挙兵したが、同月に本願寺の同盟者の六角承禎・義治父子が拠る湖南の石部城《いしべじょう》が陥落している。

信長は七月に伊勢長島一揆の攻撃のために出陣するが、同時に部将の荒木村重《あらきむらしげ》に本願寺の攻撃をさせていた。八月には、部将の長岡《ながおか》（細川）藤孝《ふじたか》に対して本願寺を根切《ねぎり》（根絶やし、殲滅）にするという意向を伝えている。

## B、奥美濃安養寺の動向

前記のように、顕如は元亀元年（一五七〇）九月二日に奥美濃の郡上の門徒に対織田戦への参戦を呼びかけた。また前章五節で触れたが、郡上門徒を率いる安養寺は遠藤氏と深い関係にあった。しかし、当時遠藤氏は織田方に属していた。顕如の指令が下されたものの、この年には安養寺の際立った行動はみられない。

### 安養寺・遠藤氏と武田信玄

二年後の元亀三年（一五七二）五月から、安養寺が対織田戦の表舞台に現れる。織田信長と確執していた将軍足利義昭は五月十二日付の御内書《ごないしょ》（将軍が書状形式で発給した私的な文書だが、公的効力を持った）で、元亀元年（一五七〇）に蜂起した長島一揆への門徒参陣について、見舞いの使者を安養寺に遣わすことを伝えている。

五月二十日には、武田信玄が安養寺に対して、安養寺と昵懇の間柄である遠藤氏と相談し郡上の備えをするように働きかけている。そのうえで、信玄自身は本願寺に味方することを述べている。この時点で信玄は、表向きには織田信長と友好関係にあったが、信長に知られぬように着々と安養寺を通じて奥美濃における対織田戦の手はずを整えていたのである。また、遠藤氏も武田方に通じていたのだった。

当時足利義昭は、武田信玄・本願寺顕如・朝倉義景・浅井長政・松永久秀《まつながひさひで》ら反織田勢力の糾合を謀っていた。奥美濃郡上の安養寺も、その中で重要な位置を占めており、朝倉氏とも提携していることが確認される。七月二十五日、参村法橋頼達《みむらほうきょうらいたつ》（本願寺坊官カ）が郡上門徒に対し、遠藤氏と相談して朝倉義景の軍事行動に協力するように指示を下している。九月二十五日、義景の家臣山崎吉家《やまざきよしいえ》は、煙硝を贈られたことや信長が岐阜へ帰陣した情報を伝えてもらったことを、安養寺に謝している。

十月に武田信玄は出陣し、織田信長の同盟者徳川家康の領国遠江・三河への侵攻戦を開始した。信玄は別働隊に東美濃の岩村城を攻撃させており、明確に信長への敵対姿勢を示したのである。安養寺と遠藤氏は、この武田勢の軍事行動を山崎吉家を通じて朝倉義景に知らせている。

## 対織田戦の城を構築する

十一月十九日付朝倉義景宛条書《じょうしょ》（箇条書にした書状）で、信玄は遠藤氏に岐阜に向けて直ちに鉈尾《なたお》に砦を構築するように催促したので、義景からも催促するように要請している。鉈尾は、郡上と岐阜の間の戦略上重要な地点に位置しており、織田方に対する対抗措置の一環として砦構築を催促したのである。同条書では、本願寺の門徒蜂起を催促し、長島一揆との共同作戦を進めていることが書かれている。

対織田戦の城は、他にも、元亀四年（一五七三）正月に顕如が朝倉義景宛の書状で伝えているように、前年の冬に長島願証寺《がんしょうじ》の指令で、岐阜との至近距離に新たに構築され、織田信長に美濃を奪われた斎藤龍興《たつおき》の旧臣日禰野弘就《ひねのひろなり》が配されていた。この書状で、顕如は武田信玄からの遠江・三河・尾張・美濃の門末の援軍要請を受諾し、三河から追放されていた勝鬘寺が出陣することも伝えている。武田氏・朝倉氏・浅井氏・本願寺・長島一揆が提携し、織田信長の居城に対する付城《つけじろ》が、元亀三年（一五七二）冬から構築されはじめていたのだった。信玄の遠藤氏への鉈尾砦構築要請も、この軍備の一環とみなせるだろう。

元亀四年（一五七三）二月、武田信玄は徳川方の三河野田城《のだじょう》を一ヶ月を費やしてようやく陥落させた。野田城陥落は、安養寺にも知らされている。しかし、その後、信玄の病気が重くなり、武田勢は野田城から甲斐に帰陣することになった。結局、信玄は帰国途中の信濃で四月十二日に病死している。

## 郡上の人質、岐阜で全員処刑される

信玄の死後、郡上では安養寺と遠藤氏が、四月下旬に郡境に対織田戦の城を構築したために、五月二日に岐阜で織田方に差し出していた人質が全員処刑されてしまった。そのうえ、八月十六日時点では、織田信長が飛騨の三木《みき》自綱《よりつな》に郡上を宛《あて》がった（所領として与えた）との情報が郡上に伝わっており、安養寺と遠藤氏は三木勢の郡上侵攻の可能性が高いと判断している。その四日後の八月二十日には、安養寺と提携していた朝倉義景が滅亡している。この間、七月十二日付の書状で、斎藤龍興は安養寺に日禰野弘就を長島へ派遣したことと、自身の美濃入国の折には遠藤氏に協力を依頼したことを告げていた。一方、七月十八日に足利義昭は織田信長に追放され、翌年天正二年（一五七四）九月には、長島一揆は信長により殲滅された。

このように、反織田勢力を取り巻く情勢は大きく変化した。しかし、天正二年（一五七四）段階で、越前領北部《れいほくぶ》（木ノ芽《きのめ》峠以北の敦賀を除く地）では織田方の部将が駆逐され本願寺の坊官による支配がなされており、武田勝頼《かつより》が東美濃・遠江に侵攻しているなど、越前・対武田氏の状況に限って見るならば、かえって織田信長の戦果は後退している（谷口：二〇〇二、二〇一四）。

## 安養寺、通路封鎖を依頼される

天正二年（一五七四）に越前一揆を統制していた本願寺坊官下間頼照《らいしょう》は、四月十四日に、安養寺に対織田戦の備えとして石徹白《いとしろ》―平泉寺《へいせんじ》間の通路の遮断・防備を依頼している。越前大野郡の石徹白と平泉寺は、郡上から越前街道を北上した地域に含まれていた。安養寺は奥美濃方面における対織田戦の要として期待されていたのである。

一方や、織田信長も六月九日に、武田勢に攻撃されていた遠江の高天神城《たかてんじんじょう》救援の出陣に際し、根尾《ねお》氏・徳山《とくやま》氏に西美濃の防備を命じている（佐藤：一九九五）。この時、信長は、越前一揆勢が越前大野郡から国境を越えて西美濃に侵攻することを危惧していたのだった。武田氏と連携した越前一揆は、信長にとって侮れない存在であり、十分な警戒が必要だったのである。

東美濃・遠江・三河を舞台に、武田氏・越前一揆と織田氏・徳川氏双方が拮抗する中、奥美濃で武田方に付いていた諸勢力にとって不安定要素はなく、際立った変化はみられない。その均衡が一気に崩れるのは長篠合戦《ながしのかっせん》である。

## 織田信長朱印状と奉書《ほうしょ》の疑問点

長篠合戦は天正三年（一五七五）五月二十一日にあった。その直前の五月三日に安養寺に発給した織田信長朱印状《しゅいんじょう》（花押の代わりに朱印が押された文書）とその奉書（主人の意を受けた家臣が、それを伝えるために自分の名を署して出す文書）及び、長篠合戦後の九月に下付した禁制がある。この三つの文書は、安養寺に伝存する『安養寺文書』に含まれているが、これを掲載する『岐阜県史』史料編古代・中世一では、研究の余地があるとしている。

このうち信長朱印状では、「この度の忠儀（義）により、境内・寺領の地子《じし》（屋敷・土地に賦課する雑税《ざつぜい》＝基本的な租税以外の税）を免除する。これをいつまでも認める。」と記されている。しかし、忠義の具体的な内容はわからない。また、筆跡は信長の代表的な右筆《ゆうひつ》（主人の文書・記録の作成を行う役職）の武井夕庵《たけいせきあん》や楠木長諳《くすのきちょうあん》の手であるとの判断を下せず、原本であるという確証はできない。

奉書と禁制は、信長の側近菅屋長頼《すがやながより》が下付したものである。奉書では、「この度の忠節に対して信長様は大変喜んでおられ、朱印状で安養寺が郡上の地に戻ることを赦された。そのため、境内・寺領の権益について、いつまでも認めることが決められた。」と書かれている。天正三年（一五七五）当時、菅屋は「長行《ながゆき》」の諱《いみな》（実名）を使用しており、この奉書のみに「長頼」と署名がなされていて、唯一の例外である。異なる諱の署名を安養寺に対してのみ使用した理由は、判然とせず不自然である。そのうえ、禁制に書かれている仮名《けみょう》（通称、日常的に使用される名）の「九右衛門尉《きゅうえもんのじょう》」の字は「長頼」の諱の時に用いており、「長行」の時は「玖右衛《きゅうえ》門尉《もんのじょう》」である（谷口：二〇一〇）。

信長家臣の中で、同じ時期に異なる諱と仮名を使用している事例は、この安養寺文書の二例のみである。また、この二例の花押を、他の「長頼」の諱を用いた時の文書の原本に記された花押と比較しても、筆先、筆のはらい、角度、滲みなどの筆致から、同じであるか結論を出すことはできない。したがって、これらも原本であると判断できるか微妙である。仮に奉書と禁制が写だとしても、当時使用していた「玖右衛門尉長行」ではなく、「長頼」の諱や「九右衛門尉」の仮名・花押影《かおうえい》（模写した花押）があえて使用されている理由は不明である。

以上の疑問点・問題点を勘案すると、史料としての扱いには慎重を期すべきであろう。『安養寺文書』の信長朱印状と奉書では、安養寺は信長に対する忠義により郡上に還住《げんじゅう》（元の地に戻ること）を赦され、境内・寺領に賦課される税を免除されたことが書かれている。すなわち、それ以前に安養寺は郡上を追われていたことになり、長篠合戦の直前に戻ることを赦されたことになる。しかし、先述のように、長篠合戦までは、武田氏は東美濃から後退してはおらず、また、織田氏により郡上が征圧されたことは確認できない。

## 長篠合戦後の郡上

長篠合戦で大勝利した約三ヶ月後の八月に、信長は越前再征に本格的に取りかかるが、信長の部将金森長近《かなもりながちか》と原政茂《はらまさしげ》は、郡上経由で越前大野郡へ侵攻していることから、遅くとも、この時点で織田方が郡上を支配下におき、大野郡への主要ルートを確保していたことが知られる。すなわち、前年四月に下間頼照が安養寺に遮断・確保を依頼した通路は織田方に押さえられていたのである。越前再征に先立ち、七月二十三日に金森長近は大野郡《おおのぐん》で反本願寺勢力に対して織田方に味方するように調略《ちょうりゃく》（策略、計略、敵を内通させる働きかけ）を行っている。それ以前に、奥美濃が織田方に征圧されていたのならば、もっと早い段階で、長近は侵攻時と同じように、岐阜から郡上ルートで調略を仕掛けていただろう。

以上の流れからすると、長篠合戦前の時点で、安養寺が郡上を追われる事態には至っていないと考えるのが妥当であり、安養寺宛の信長朱印状と奉書に書かれているようなことはありえなかったと判断される。金森長近の越前大野郡への調略の時期と考え合わせれば、織田方による郡上を含む奥美濃征圧は、長篠合戦後と判断すべきであろう。つまり、それまで安養寺・遠藤氏と提携していた武田氏が、長篠合戦で大敗北し、織田方に岩村城《いわむらじょう》が奪回されるなど、東美濃から後退したことにより、奥美濃の情勢も大きく変化したとみなせるのである。

### 遠藤氏、再び織田方になる

信長の越前再征後、大野郡の三分の二が金森長近に三分の一が原政茂に与えられ、同年末十二月には両名は、大野郡の惣鍛冶衆中《そうかじしゅうちゅう》（鎌・鍬・釘などの製造・販売を行う職人の座＝同業組合）

の特権を認めている。その翌年以降と比定される九月二十八日付の書状では、遠藤氏宗家の遠藤盛枝《もりえだ》は、長近の指令に基づき、鍛冶衆に対して他所への移住を禁止している。この書状から、遠藤氏が長近の配下にあったことがわかる。長近の郡上を経由した大野郡への進軍ルートを考えると、信長の越前再征時には既に配下にあったと判断される。

これに関連し、遠藤氏の諸記録でも、日禰野弘就・盛就《もりなり》兄弟とともに、郡上から越前大野郡に攻め込み、穴間城《あなまじょう》で長近と合流したと記している。真偽は定かではないが、日禰野兄弟も信長に敵対し続け、長島一揆にも加わっていたが、長島陥落後も生き延び、その後信長に服属し成敗は免れている。日禰野兄弟と比較した場合、遠藤氏が一度は信長に離反し、再度服属して赦されたとしても特異な事例とはいえない。

長篠合戦後には、武田氏の東美濃からの後退により、越前一揆も対織田戦の防備で手一杯であり、郡上ではその救援を望めず、織田氏の軍事的脅威に直接さらされる事態にいたった。この状況下で、遠藤氏は再び信長に降り金森長近の配下になったとみなせるだろう。織田方に郡上が征圧されれば、安養寺は織田方からの攻撃から逃れるために退避せざるをえなくなる。しかし、退避後も遠藤氏との友好関係がなくなったわけではない。

## 安養寺、教如を支持する

天正四年（一五七六）五月、西美濃安八郡《あんぱちぐん》の長久寺《ちょうきゅうじ》とその門徒は、大坂に赴き対織田戦に参加し奮戦しているが、この時期の安養寺の動向は不明である。天正八年（一五八〇）閏三月、顕如は織田信長と和睦（事実上の降伏）を結び、四月に大坂を退去して紀伊の鷺森《さぎのもり》（雑賀《さいか》）に移った。しかし、嫡男教如《きょうにょ》は和睦に反対し退去を拒み大坂に籠城して、諸国の門末に抗戦継続を呼びかけた。これを大坂抱様《おおさかかかえざま》という。

顕如は、教如の行動を非難し、その呼びかけには応じることなく鷺森に参詣するように門末に求めたが、教如を支持する門末は多く、安養寺も教如を支持していた。結局、教如も戦況が不利になり追い詰められた結果、七月に和睦を受け入れ、八月には大坂を去っている。その後、鷺森の父顕如の元を訪れたが、面会を拒否され義絶状態となり、諸国を流浪することになった。その正確な足取りは不明である。教如は大坂退去の際に、自分を支持してくれた門末に対してその立場を心配する必要はないと伝えたが、安養寺らが顕如から赦されることはなかった。

## 潜伏し続ける安養寺

同年の安養寺の動向を知る手がかりとして、天正八年（一五八〇）と推定される十二月十六日付安養寺宛下間頼純《らいじゅん》書状がある。その中で、「自分が（谷から）出た後に、まだ谷に残っていることを心配している。才覚をめぐらし来春には谷から出るべきである。」（『安養寺文書』）と記している。頼純は、本願寺から金沢御堂を統轄するために派遣された上使《じょうし》（主人から公命を帯びて派遣される使い）である。加賀では和睦成立後も織田勢の攻撃が続いており、金沢御堂も陥落した。この書状から、金沢御堂陥落後に、頼純が安養寺とともにいずれかの谷に滞在していたが、頼純が谷から出た後も安養寺がまだ谷に留まっていたことがわかる（木越：二〇一三）。

その後も、安養寺は郡上に戻ることはなく、遠藤秀繕《しゅうぜん?》（遠藤氏の一族か？）から戻ることを頻りに勧められても返事すらしなかった。秀繕は、天正十年（一五八二）六月二日の本能寺の変、それに続く六月十三日の山崎合戦後の畿内の情勢を安養寺に克明に知らせた六月十七日付の書状で、六月十五日に美濃上有知《こうずち》から帰陣した時に、安養寺の返書を読み郡上に戻る意思があることを知り、協力を惜しまないと述べている。まさに、織田信長が頓死したことで、ようやく安養寺は郡上に戻る決意をして、秀繕に対し返事を送ったのだった。

天正八年（一五八〇）に織田信長と本願寺との和睦が成立し、各地の末寺は還住を赦されたものの、安養寺は、信長への警戒心から依然谷から出ることはなかったのである。その一因としては、信長による安養寺と提携していた長島一揆・越前一揆の殺戮が考えられる。信長による両一揆を含む殲滅作戦については、次項以降で詳しく触れるが、本願寺や門末をはじめとした敵対勢力に対する見せしめとして一定の効果はあったものの、かえって信長に対する恐怖心・反発心・不信感を増幅させていったのだった。結局、安養寺は信長が死ぬまで還住することはなかったのである。

### C、長島一揆の根切《ねぎり》（殲滅）

永禄十年（一五六七）九月までに、織田信長は斎藤龍興が拠る稲葉山《いなばやま》城を攻略し、美濃を征圧した。そして、城の名を岐阜《ぎふ》城と改めて、安土城に移るまでここを居城とした。美濃を追われた斎藤龍興は、伊勢長島に逃れた。同年信長は、八月中旬に長島の門末の城を攻め、長島を放火したが、顕如は信長に祝意を表している。この時点では、まだ両者は敵対する状況ではなかった。

#### 長島一揆蜂起する

先述のように、元亀元年（一五七〇）九月十二日、本願寺は信長に対して挙兵し、石山合戦が始まった。顕如による参戦の指令に対し、本願寺の院家の立場であった長島の願証寺は、宗主の指令に従い対織田戦に参加せねばならなかった。一方、織田方にとって、尾張・伊勢の国境地域である長島は伊勢湾・木曽三川《さんせん》（木曽川・長良《なが ら》川・揖斐《いび》川）の流通拠点であり、戦略上征圧せねばならない重要な地域であった。長島一揆と織田氏の攻防は、水上交通網・流通網をめぐる戦いでもあったのである。

長島一揆は、願証寺を中核とする北伊勢・尾張南西部・美濃南部の門末により構成されていた。加えて、三河を追放された上宮寺や斎藤龍興の旧臣日禰野弘就、非門徒も参加しており、武田氏・六角氏・浅井氏と提携していた。

## 第一次長島攻撃

前記のように、元亀元年（一五七〇）十一月、長島一揆は、小木江城に配されていた信長の弟信興を攻め殺した。翌年の元亀二年（一五七一）五月十二日、信長は第一次長島攻撃を行った。

この時の戦いについて、信長は、「長島では、一揆の奴らが所々に立て籠もっていたので、攻め殺す予定であったが、いろいろと侘言《わびごと》を言ってきたので（降伏を懇願してきたので）、赦免することにした」と五月十三日に徳川家康に、五月十六日に大館上総介《おおだてかずさのすけ》に伝えている（『松濤棹筆《しょうとうとうひつ》』、『牧田茂兵衛氏所蔵文書《まきたもへいしょぞうもんじょ》』）。

実際に、一揆側から嘆願があったのかは疑問であるが、当初、信長は一揆が降伏すれば赦す気でいたのである。しかし、信長が一揆を赦免する意向を大館上総介に伝えた当日の五月十六日には、織田勢が在々所々を放火し撤兵した時に、一揆勢が攻撃を仕掛けてきた。一揆勢の猛攻で織田勢の殿《しんがり》（後退する軍勢の最後尾の部隊）を務める柴田勝家が負傷し、氏家卜前《うじいえぼくぜん》が討死している。これに怒った信長は、配下の高木貞久《さだひさ》の家臣で一揆に通じている者の成敗や美濃太田周辺の一揆探索・殺害を猪子高就《いのこたかなり》に命じており、殺害された者の首が信長の元に届けられた。ここで、信長は長島一揆の赦免を撤回することになったのである。

元亀三年（一五七二）には、長島の一揆勢は、尾張・美濃の国境付近で放火をしたり、尾張・美濃への通路を封鎖するなど、信長との対決姿勢を鮮明にしている。

## 第二次長島攻撃

天正元年（一五七三）九月二十四日、信長は第二次長島攻撃のために岐阜から出陣した。出陣に先立ち、南伊勢の伊勢神宮外港の大湊《おおみなと》中に対して桑名《くわな》に船を集めるように指令している。織田勢は桑名の西別所《にしべっしょ》に籠もった一揆を攻め多くを切り捨てて、敵対した国人の片岡氏《かたおかし》の坂井城《さかいじょう》・近藤氏《こんどうし》の矢部城《やべじょう》を攻略した。他の国人に対しては、人質を提出させ伺候《しこう》（挨拶に伺う）を命じ、従わない者には攻撃を仕掛けた。

信長は、北伊勢の国人たちに、自分への忠誠を確かめ、忠誠する者には本領安堵《ほんりょうあんど》（先祖伝来の所領やそれまで支配していた所領の支配権を認める）をし、敵対する者には成敗をしている。すなわち、北伊勢を臣従＝本領安堵、敵対＝成敗という論理で征圧したのだった。しかし、成敗対象になっても、降伏すれば殺害されずに退散させられている。長島一揆の場合は、一度は赦免したにもかかわらず、再度敵対したことで、根切対象とされたのである（播磨：二〇一〇）。

## 織田信長の憎悪

北伊勢の国人を再度服属させた信長は、長島攻撃に取りかかる。大湊衆は、織田方の指令に応じ船を出したものの十月に桑名から帰港してしまい、織田方からの再度の出船を命じられた。しかし、なかなか応じることはなく、結局、出船前に信長は長島から帰陣することとなる。

十月二十五日、長島一揆は先回りし伊賀《いが》・甲賀《こうが》の射手も加わって、美濃の多芸山《たぎやま》周辺で帰陣途中の織田勢を弓・鉄砲で攻撃した。その後、大雨で一揆勢と織田勢の双方の鉄砲が役に立たなくなったが激戦となり、織田勢の殿の林新二郎《はやししんじろう》が討死している。信長は、その日の夜にようやく大垣《おおがき》城にたどり着くことができ、翌日、岐阜城に帰陣した。この一揆勢の攻撃で、信長は二度目の苦渋をなめ、面目を失ってしまった。そのため、長島一揆に対する憎悪は増していき、根切にする決意は一層高まったのだった。

## 第三次長島攻撃

翌天正二年（一五七四）七月、信長は第三次長島攻撃に出陣した。織田勢は陸路の三方から攻撃を加え、船団も集結して伊勢湾を海上封鎖し、長島の四方を包囲して追い詰めていった。織田勢の攻撃を支えきれず、一揆勢は篠橋《しのはし》・大鳥居《おおどりい》・屋長島《やながしま》・中江《なかえ》・長島の五ヶ所の砦に立て籠もった。織田勢は兵粮攻めを行い、八月三日、大鳥居が、八月十二日に篠橋が陥落した。

この間、信長は、八月七日付の書状で河尻秀隆《かわじりひでたか》に、「一揆の中で身を投げて死ぬ者も多い。願証寺も陥落は目前である。一揆側から降伏を願い出ても、決して聞き入れることはしないよう命じており、必ず根切にする。」（『富田仙助氏所蔵文書《とみたせんすけししょぞうもんじょ》』）と伝えている。一揆では餓死者や自殺者が出ていたのである。両砦から逃れた一揆勢は、残りの三ヶ所の砦に立て籠もることになったが、織田勢に補給路を断たれ兵粮が枯渇していった。九月以降、餓死者が続出していき、抗戦継続は困難になっていた。

九月二十九日に、長島砦の一揆勢が降伏を申し出て、退城し船に乗り移ったところを、織田勢は鉄砲で一斉射撃して、そのうえ攻撃を仕掛け一揆の者を多数斬り殺した。その際に、一揆勢の中の七、八百人ばかりが、決死の覚悟で裸になり刀のみで織田勢に突撃してきた。そのため、乱戦となり、織田方では信長の叔父・兄、弟、従兄弟などの一族を含む多数が、討死している。突撃した一揆の生き残りは、北伊勢や多芸山方面にばらばらになり逃げ去った。

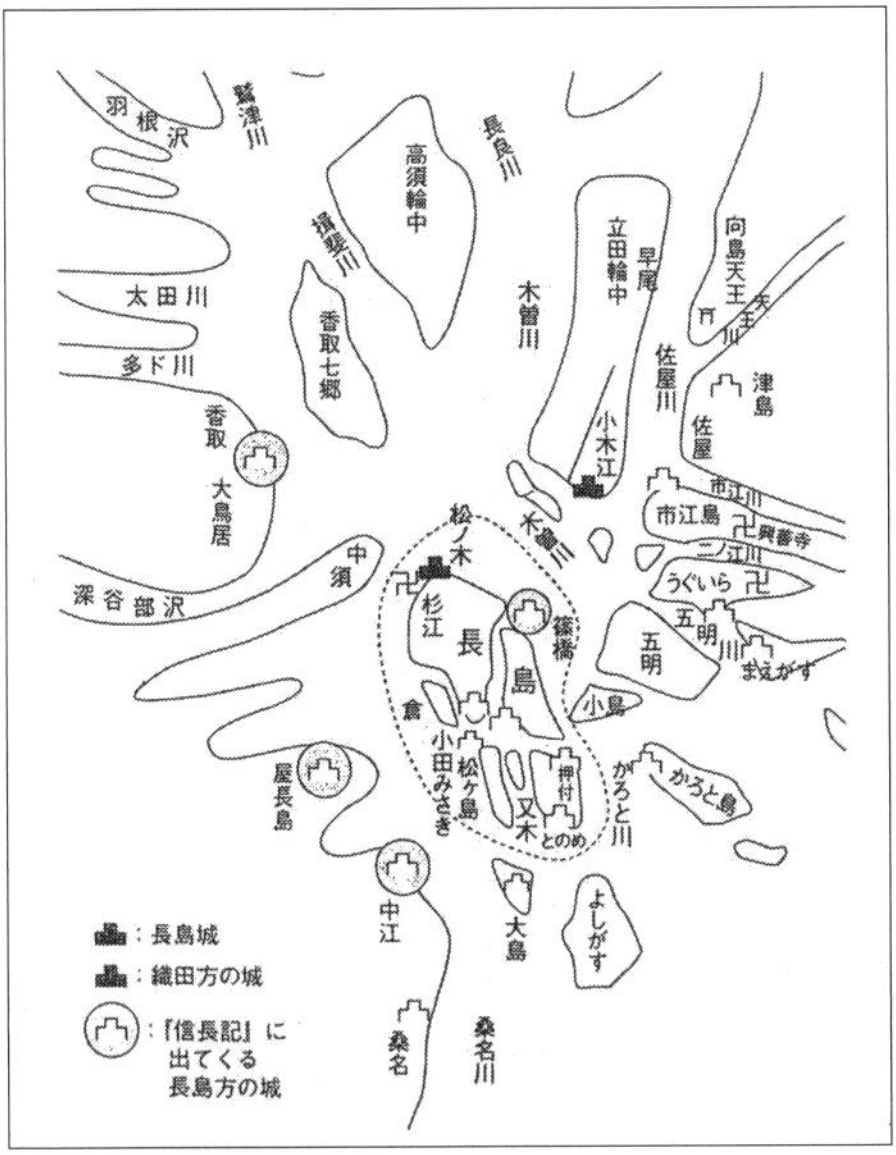


【長島一向一揆関係図】
『愛知県史』通史編３中世２・織豊
（愛知県史編さん委員会、2018 年）より

## 長島陥落

信長は、残る中江・屋長島砦の周囲に塀と柵を何重にも廻らして、籠もっていた一揆勢を逃がさないようにしたうえで、四方より放火させた。そのため、砦の中の二万人ばかりが焼き殺されている。翌日付の書状で信長は、次のように記している。

長島院家（願証寺）や一揆が様々と降伏を申し出てきたので助けるべきだが、これまで色々様々物好なことをしたので、昨日の朝に攻め破った。脱出する者どもがいることを我らは見越していた。昨日の二十九日の未《ひつじ》の刻《こく》（午後一時〜三時）に、予想したとおり、一揆勢が船で脱出してきたので、ことごとく討果たした。彼の院家（願証寺住職左堯《さぎょう》）ならびに坊官の下間父子、平尾坊主《ひらおぼうず》父子三人が船に隠れていたところを探し出して、自分の目の前で首を刎ねた。長島陥落時に逃げ紛れた者どもは、方々で殺害しその首が送られてきた。何度も伝えているように根切にした。一揆が蜂起したことに対して退治することは、信長一人のためではなく、しかしながら天下のためである。したがって万事を差し置いて、長島攻撃に兵を投入した。近頃の気を散じることができた。織田方では少々犠牲があったが、大勝利を得て満足である。彼の院家と下間父子の首は京都に送り、獄《ごく》門《もん》（晒し首）にするように命じた。村井貞勝《むらいさだかつ》（天下（京都）所司代）が必ず獄門にした報告をするだろう。一揆と同前の首ではあるが、京都に送り晒すことにした。

（『氷上町所蔵文書《ひかみちょうしょぞうもんじょ》』）

私怨ではなく天下のために一揆を退治したと述べているが、本音は信長自身が言及しているように、気を散ずる＝鬱憤《うっぷん》をはらすことであった。長島一揆の領袖《りょうしゅう》である願証寺左堯と下間父子の首を現地からあえて京都まで運ばせて晒すことは、まさに信長に敵対する者への見せしめそのものであった（愛知県史編さん委員会：二〇〇三、播磨：二〇〇五、二〇一〇）。長島攻撃中、織田勢は摂津・河内方面でも一揆と交戦しており、信長はその任に当たっていた細川（長岡《ながおか》）藤孝《ふじたか》に対して、大坂（本願寺）を根切にする覚悟で明智光秀と相談するように指示している。この時点では、本願寺も根切対象だったのである。

こうして、信長は赦免したにもかかわらず、二度にわたり自分を攻撃してきた長島一揆への報復措置として、殺戮・殲滅戦を敢行したのだった（播磨：二〇一〇）。長島一揆壊滅後は、信長の部将滝川一益《たきがわかずます》が長島を含む北伊勢五郡の支配に当たることになる。

## D、越前一揆――一揆の内訌と崩壊過程を追う

### 国中の一揆蜂起する

天正元年（一五七三）八月二十日、朝倉義景が滅亡し、越前は織田信長の領国となった。越前征圧後、信長は服属した朝倉氏旧臣を登用し越前支配に当たらせた。しかし、その朝倉氏旧臣同士の対立抗争に乗じて、天正二年（一五七四）正月に国中の一揆が蜂起する。発端は、信長から越前の守護代（『信長公記』、なお『朝倉始末記』では守護職）に任ぜられた桂田長俊《かつらだながとし》の専横に反発した富田長繁《とだながしげ》らの諸侍が国中の一揆を誘い、正月十九日に長俊を攻撃し殺害した

ことである。当の長繁は、越前支配の主導権をめぐる長俊との対立の結果、これを攻め殺したのであり、織田信長に背く気は全くなかった。

同月二十七日に、興福寺大乗院尋憲《じんけん》にも、「越前の桂田長俊が余りの専横な振る舞いにより切腹に追い込まれたが、越前からは長俊殺害は信長に対する謀反ではないとの報告がなされた」という情報が伝わっている。続いて二月十八日には、「越前は平穏となり、富田長繁が信長のもとに参上し、国衆《くにしゅう》（国人）は皆人質を差し出し、騒乱は鎮静した」といった情報がもたらされた（『尋憲記《じんけんき》』天正二年正月二十七日・二月十八日条）。

## 一揆勢、富田長繁と敵対する

この間の正月二十一日、長繁の意思とは関係なく、一揆勢が、越前支配の監視役として信長により北庄《きたしょう》（福井市）に配されていた奉行三人を攻撃する事態となった。そのため、朝倉氏旧臣朝倉景建《かげたけ》の仲介で、三人は美濃に逃れている。まさに、一揆勢は当初より信長に敵対していたのだった。その後、加賀から大将として越前に赴いてきた本願寺坊官七里頼周《しちりらいしゅう》の指揮下で一揆勢は、信長に恭順する長繁との対決姿勢を鮮明にした。

二月に一揆勢は朝倉氏旧臣の乙部勘解由左衛門《おとべかげゆざえもん》を攻め、朝倉孫六《あさくらまごろく》・黒坂与七《くろさかよしち》を攻め滅ぼした。ところが、黒坂一族の首を七里頼周のもとに持参したところ、「自分が命令を下してもいないのに、勝手に武士を殺すことは言語道断である」と激怒し、その者を即座に殺害した（『朝倉始末記』）。一揆は、自立し朝倉氏時代以来の武士支配に抵抗する性格をもっていたのだが（福井県：一九九四）、本願寺坊官は、自分の統制下にあると強く認識していたのである。その後、本願寺の指令により坊官下間頼照《らいしょう》・杉浦玄任が越前に派遣されている。頼照は、越前一揆を統制する総大将としての役割を担っていた。

　富田長繁は対一揆戦に備え、永代三千石の所領を与えるという条件で府中《ふちゅう》（越前市《えちぜんし》武生《たけふ》）の町人と真宗三門徒派《さんもんとは》（本願寺派と対立する浄土真宗の別派）の誠照寺《じょうしょうじ》と証誠寺《しょうじょうじ》を味方につけていた。一方、富田方より圧倒的に多くの兵力を有した七里頼周率いる国中の一揆は、二月十四日に府中近辺に集結し蜂起する。朝倉景建・景胤《かげたね》も一揆方に付き、二月十八日に長繁は長泉寺山《ちょうせんじさん》で敗死した。

　その後、一揆勢は府中の町小路・僧坊・仏閣を焼き払い、信長に降った朝倉氏旧臣を攻撃した。その中の溝江《みぞえ》長逸《ながやす》一族が攻撃を受け滅亡した時に、享禄の錯乱で加賀を退転し溝江氏に身をよせていた旧加賀守護家の富樫《とがし》泰俊《やすとし》もともに自害し滅んでいる。

　朝倉氏旧臣攻撃に関して、朝倉氏を滅ぼしたのは信長であるが、朝倉氏が築き、信長が継承していた武士による戦国大名的支配秩序を解体したのは、国中の一揆であったとの正鵠を得た指摘がある。国中の一揆は、自立的な集団に成長していた村が基礎単位となっていたが、その指導者の多くが同時に本願寺門徒であったため、本願寺門徒による一向一揆と見なされたのである（福井県：一九九四）。

## 国中の一揆の内情

国中の一揆の自立性は強く、指導層の多くが門徒であったにせよ、本願寺や坊官の統制に唯々諾々と服していたわけではなかった。この間、丹入郡末野村《にゅうぐんすえのむら》の立神清右衛門《たてがみせいえもん》や府中の板屋《いたや》父子が、一揆に理不尽に討取られている。特に、清右衛門はあらかじめ前年末に、顕如から問題ない者として立場を保証されていたにも関わらず殺害されてしまったのである。片や、本願寺の末寺円宮寺《えんぐうじ》は、一揆と敵対した富田長繁に味方したため、法敵として告発されている。

円宮寺は、富田方から府中の町人や三門徒派寺院と同じように、反対給付を条件に味方につくように工作を受けていたのだろう。弘治《こうじ》の内乱時（弘治元年（一五五五）～永禄三年（一五六〇）の能登守護家畠山悳祐《とくゆう》・義綱《よしつな》父子に対する温井《ぬくい》氏・神保《じんぼ》氏・三宅《みやけ》氏ら重臣の反乱、温井ら反守護方は加賀一揆の支援を受けていた）の能登においても、本願寺門末間で、争乱の当事者が提示する反対給付を条件に去就を決めていたため、一揆の間で分裂行動がみられた。能登の事例からすれば、富田方の調略により、越前の本願寺門末の間で内部分裂があったとしても不思議ではない。また、本願寺の完全な統制下に置かれていなかった自立した一揆からすれば、本願寺宗主から保証されていた者を殺害することも、理不尽な行為ではなかった。

## 平泉寺焼亡

二月十九日、曹洞宗の龍沢寺《りゅうたくじ》に陣を移した坊官杉浦玄任のもとに、富田長繁の首が届けられ首実検《くびじっけん》（討取った首が、本人の首であるか確認すること）が行われている。そのころ、本願寺から、朝倉義景の一族で重臣でありながら土壇場で義景を裏切った土橋信鏡《どばしのぶあきら》（朝倉景鏡《かげあきら》）を誅殺せよとの指令がなされた。二月二十八日に、坊官杉浦玄任・下間和泉《いずみ》や大坊主《だいぼうず》（有力寺院）本覚寺・本願寺一家衆の専修寺《せんじゅじ》が国中の一揆を率いて、信鏡を匿っていた天台宗の古刹《こさつ》（由緒ある歴史の古い寺）平泉寺《へいせんじ》を攻撃した。しかし、一揆勢は大敗し、壇ヶ城《だんがじょう》と中島に一揆の一部を残し、全軍が撤退した。一揆の一回目の平泉寺攻撃は失敗したのだった。

四月十四日、大野《おおの》・南袋《みなみぶくろ》・北袋《きたぶくろ》・七山家《ななやまが》（勝山市）の一揆は会合した。衆議の結果、平泉寺が村岡山《むろこやま》（勝山市）に城を構築すれば、自分らの田畠の作物が全て刈り取られてしまい難儀するという理由で、先手を打ちその日の夜の内に村岡山を占拠し城を築くことが決議された。そこで、夜中に七山家の一揆が、急遽村岡山に城を構築し立て籠もった。この時、一揆は本願寺の坊官や大坊主の指令ではなく、自分らの生活を守るために自発的に城を構築したのである（福井県：一九九四、勝山市：二〇〇六）。

翌日、これを見た平泉寺側は、慎重論を唱える信鏡を押さえ、寺にわずかの手勢を残すだけで、八千三百余で一揆勢が拠る村岡山に出撃した。村岡山の一揆勢はこれを迎撃しつつ本覚寺に救援を求めが、本覚寺は七百余の兵を率いて村岡山には向かわずに、手薄となっていた平泉寺を奇襲する。平泉寺は放火され、慌てた平泉寺勢は寺に戻ろうとした。しかし、村岡山からも一揆勢が攻めかかり挟撃され壊滅し、平泉寺は灰燼に帰した。この時、信鏡は討取られ、その後、一揆に捕縛された嫡男と次男も殺害され、三人の首は同じ木にかけられ晒された。

平泉寺との戦いに勝利した一揆は、死守した村岡山を勝山《かつやま》と名付け、今も使われている勝山の地名の由来になったとの伝承がある（『平泉寺《へいせんじ》落ゟ《おちより》地頭《じとう》附《つけ》之《の》覚《おぼえ》』、同異本《いほん》（同一の書物であるが、伝来が異なるために本文の内容や語句・文字に違った部分がある本）『平泉寺《へいせんじ》落ヨリ《おちより》以来《いらい》地頭《じとう》様《さま》歳代記《さいだいき》』）。

また、四月上旬に、朝倉氏旧臣の朝倉景綱《かげつな》が所領の丹生郡《にゅうぐん》織田庄から家財・米銭を奪取し、自分の城に運び入れたため、一揆に敵対しているとみなされた。そのため、七里頼周率いる一揆勢が景綱の城に攻め寄せ、激しい攻防が行われた。五月下旬、景綱は妻子のみをつれ、船で城を脱出し敦賀へ逃れている。取り残された城兵は、交渉により殺害されず城から落ちていった。

その後、一揆勢は織田方の敦賀との境に位置する木ノ芽《きのめ》城を攻略した。これにより、国中の一揆は、越前領北部を征圧することになった。

## 本願寺坊官、越前を支配する

前述のように、越前門末を統制するために本願寺から下間頼照が派遣されたが、二月二十日以降、他宗派寺院の寺領を安堵している。恭順した朝倉氏旧臣の三輪吉宗《みわよしむね》の所領安堵もしているが、これを追認する形で七里頼周も安堵している。一揆勢は、織田方を越前領北部から駆逐したのだが、彼らの思惑を超え本願寺・金沢御堂が派遣した坊官らが統制を加え支配を行うようになり、越前において本願寺政権が成立した。具体的には、下間頼照が守護、下間和泉《いずみ》が足羽郡司《あすわぐんじ》、杉浦玄任が大野郡司、七里頼周が上郡と府中辺りの郡司として支配に当たることになる。

本願寺は対織田戦の備えを第一義とし、その一環として越前を新たに獲得した領国ととらえていた。そのため、一揆の自治的支配を認めることはなく、国中の一揆が打倒した戦国大名的支配を踏襲していくことになる。大坊主と一揆らは越前の支配を望んだが、一揆に対しては、年貢の半分を免除することを認めただけであった。大坊主は、門徒の助力で賄えとの指令が下されたため、武士・百姓らを門徒としたという。まさに、門徒は知行地（所領）の代わりとして確保されるようになり、門徒支配にも戦国大名の領国支配の論理が貫徹していた（福井県：一九九四）。

越前本願寺政権成立後、坊官・大坊主は統制を強化し、これに対し自立する一揆・住民は激しく反発した。そのため、七月に坊官・大坊主らは、反抗分子として見なした志比《しひ》（吉田郡）の十七講（月の十七日に門徒が集まる組織か）の林兵衛《りんべえい》ら各地の一揆の指導者を粛清している。十七講では、本覚寺ら大坊主を襲撃しようと計画をしていた。

## 専修寺賢会《せんじゅじけんえ》の書状

この越前本願寺政権の支配の状況については、本願寺一家衆専修寺賢会が金沢諸江《もろえ》（金沢市諸江町）の弟諸江坊《もろえぼう》に宛てた十四通の書状で知ることができる（「専修寺賢会書状」『勝授寺《しょうじゅじ》文書』）。このうち、十二月十五日付の書状のみが天正元年（一五七三）のものである。その中で、賢会は本願寺と織田方との和睦について報告し、書状の内容は秘匿すべきであり、うかつに口外すれば筒抜けになる恐ろしい時代なので、細心の注意を払い自分の胸にしまっておくように、また、思ったことを口にしないように、と注意している。北陸一揆の牙城である加賀においても、一家衆を含み大坊主が失言によって、何時、失脚するか分からないといった、疑心暗鬼にならざるをえない状況であった。

翌天正二年（一五七四）八月には、賢会は対織田戦のために鉢伏城《はちふせじょう》（木ノ芽峠城塞群のひとつ）に詰めていた。二十日付書状で川北（九頭竜川北部《くずりゅうがわ》＝坂井郡《さかいぐん》）の代物《だいもつ》（年貢・夫役《ぶやく》＝労働課役の代わりに納入する銭・布帛《ふはく》＝綿・麻・絹など）や具足《ぐそく》（甲冑《かっちゅう》）を取りに行かせたが、まだ届いていないこと、大野郡司の杉浦玄任が金沢に召還されたこと、城の普請に苦心していることを伝えている。

## 苛立つ賢会

その四日後の書状には、賢会配下の門徒の動向と彼らに対する賢会の怒りが詳しく記されている。賢会は、川より西（九頭竜川より西）の代物四十貫《かん》ほどを人を遣わし請取った。これに関し、門徒は、いきなり礼銭《れいせん》（下の者が上の者に、礼として納める銭）として請取られることは論外のことであり、あらかじめ正式な帳面をもって請求してもらいたいと、賢会に要求した。しかし、賢会は、「なんたることか、そんなことをしていては二度手間になり、当座の役には立たない」と苛立っている。

そのうえ、門徒は、「代物綿《わた》（年貢・夫役の代わりに納入する綿）に関して、以前のように菰《こも》に包んで封をして渡したい。村ごとに書状をつけて道場坊主（村落や小地域で設けられた道場（寺院としての格を持たない小さな建物）を営む坊主で、一揆のリーダー格）に預けたい。何故我々は粗末に扱われるのか。我々は、捨て物なのか。我々の立場になり考えてもらいたい。もし、年貢納入に関して、面倒だと思われるのならば、年貢は納めないことにするので、必ずご返事いただきたい」と先例を無視する賢会の年貢取り立てのやり方に強く抗議したのだった。これに対し、賢会は「代物について、先に帳面を作成し請求してから後で徴収するなどという、愚かな阿呆がいったいどこにいるのか、論外である」と怒りを露わにしている。両者の間で年貢納入をめぐり、もはや埋めがたい溝ができ、住民は賢会から乖離していったのだった。

また、この書状では、賢会配下の道場坊主である願行《がんぎょう》と玄順《げんじゅん》の門徒を専修寺の直参《じきさん》(直属の門徒)にしたことを伝えている。そして、門徒の直参化について、玄順が何かと懇願するかもしれないが、決して取り合ってはならないと述べている。しかし、一家衆寺院による門徒の直参化に対する抵抗は、道場坊主に限ったことではなかった。川より西の門徒は、あくまで道場坊主との結び付きを維持しようとしていたのである。彼らは、直参になることで、先例が考慮されず、かえって課役が強化されることに抵抗したのだった。

### 門徒の争奪戦

九月の書状では、西之方者《にしのかたのもの》(丹生郡の海岸部)や越前海岸の杉津《すいづ》・河野《こうの》・干飯《かれい》、南条郡《なんじょうぐん》の燧《ひうち》・湯尾《ゆのお》・新道《しんどう》一帯では、門徒が全て円宮寺の配下になったが、これを円宮寺が隠していることを知らせている。富田長繁との戦いの折、法敵と告発された円宮寺は、この時、賢会とともに鉢伏城に詰めていた。賢会は諸江坊に、円宮寺の村ごとの門徒数の調査を依頼しているが、後で門徒数の増加分が下間頼照らに知られたら我々の落ち度となると通告されているので、しっかり調べるように、と注意している。この背景として、激しい門徒争奪戦が進行しており、これが大坊主間の軋轢に直結し、越前本願寺政権の坊官から問題視されていたことが考えられる。まさに、大坊主にとっては、坊官からの通達の如く、門徒は収入の糧だったのである。しかし、門徒増加の隠匿について、円宮寺が処分を受けたかは不明である。

## 財施《ざいせ》・法施《ほうせ》の理論

同じ月に賢会は、下間頼照から一家衆が城番を務めるように命じられたことに伴い、城普請のために六十〜十五歳の者を一人も残らず徴発するように依頼している。この住民の根こそぎ動員に対して、年貢控除などの現実的な反対給付がなされた徴証はない。

この時、賢会は、城普請はあくまで門徒の自発的な助力＝財施（金品などの財物を、寺院や僧侶に布施すること）の一環として見なしていたと思われる。その対価は、直参化のような法施（僧侶が仏法によって衆生に施しをすること）である（井上：一九六八）。しかし、門徒がそれに納得していたとは、とうてい考えられない。道場坊主に属していた村の門徒が直参とされ、賢会に直接夫役を奉仕するようになったのは、城番一家衆が道場坊主を排して門徒を動員しうる体制が強められていたことを示しているという指摘がある（福井県：一九九四）。

## 門徒の抵抗と恐怖政治

十月には、坊官七里頼周による南条郡三尾河内《みおのこうち》（南条郡の日野川最上流の山間部）の指出《さしだし》徴収に対してしっかりと報告させるように、と伝えている。そのうえで、安波賀《あばか》（福井市）の精道《せいどう》や志比《しひ》の者たちが理不尽なことを申し抵抗するだろうが、決して同調してはならず、くれぐれも頼周の家臣に対して無礼な振る舞いをしないように、村の長衆《おとなしゅう》（村の指導層）を呼び集めて、しっかりと命ずるように依頼している。

指出とは、住民にその土地のこれまでの年貢額などを報告させ、その年の年貢納入を誓約させることである。これは朝倉氏時代以来の支配方式であり、坊官らの住民支配が戦国大名朝倉氏の支配と変わらないことを示している（福井県：一九九四）。これに対し、賢会が危惧するように、抵抗姿勢を示す住民もいたのだった。

このような状況下で、賢会配下の道場坊主や府中から来ていた者たちが、鉢伏城から一斉に脱走し、彼らの小屋には誰もいなくなってしまった。これについて、賢会は、「自分らの首を切るに等しい行為であり、法敵と同じである。鉢伏城は兵が少なく、今夜にも敵に攻められたら、腹を切るしかない」、「前代未聞であり、親鸞の門徒であるにもかかわらず、信長以上の悪者である」と憤慨している。そして、城からの脱走だけでなく、先述のように既に七月には十七講の一揆が、本覚寺ら大坊主襲撃を計画していたのである。

同月二十四日付書状では、顕如の書状が越前に届けられ、十七講の件については後に糾明することや、北庄《きたしょう》（福井市）に金沢のような御堂を建立することが書かれていたことを記している。その一方で、「少しでも悪口を言えば、身の破滅になる」と注意を与えており、越前では一種の恐怖政治が行われていたことがわかる（福井県：一九九四）。一家衆の賢会や弟の諸江坊ですら、本音を他言することが憚られ、何時粛清の矛先が自分らに向けられるか、安閑としてはおられなかったのである。

## 意のままにならぬ門徒

翌月の十一月五日付の書状が、最後の書状となる。賢会は鉢伏城に登城する際に、直参となった願行番中《ばんちゅう》（年貢収納や夫役賦課の組織、有力寺院のもとに編成された門徒組織）の門徒衆へ、人夫を出すように命じた。しかし、門徒衆は賢会自身が直接命じていないので出さないと答えたため、従わない村は鉢伏城に登り直接意見を述べさせるように、と依頼している。そのうえで、賢会は年貢について、「川北から残りが少し送られてきたが、川以西からは全く届けられていない」、と思うように集まらないことに焦燥感を募らせている。

　門徒にとって先例が無視され、軍役・普請役・夫役が強化される一方の支配体制は、自立性を根底から抑圧するものであった。しかし、賢会は、年貢・代物収納に神経をとがらせるのみで、事の重大性に気づかず、配下の門徒の心中を斟酌する態度は全く見られない。

## 越前本願寺政権の内部崩壊

　国中の一揆は、外来の新支配者に対する反抗として、織田政権の朝倉氏旧臣や奉行を攻撃したのであり、その矛先は、本願寺教団に向かう場合もあったとする見解が注目される。まさに、本願寺から派遣された坊官らも、国外からの侵入者そのものだったのである（井上：一九六八）。はたして、天正二年（一五七四）閏十一月に、河合荘《かわいしょう》（吉田郡）を中心とする一揆三千余が越前本願寺政権の領袖下間頼照を襲い、十二月には、東郷安原《とうごうやすはら》（足羽郡）の鑓講《やりこう》（戦闘に関連した門徒組織か）が下間和泉を襲撃したが、それぞれ撃退されてしまった。

　この間、既に同年七月に、織田方は越前で朝倉氏旧臣や高田専修寺《たかだせんじゅじ》（真宗高田派《たかだは》の寺院で本願寺派と対立する浄土真宗の別派、三門徒派とも異なる）らに対し、織田勢の越前出馬の時に味方するように調略を仕掛けていた。この中には、本章第一節で触れた、朝倉氏旧臣で朝倉義景に背き、加賀に逃れた堀江景忠もいた。景忠は、国中の一揆蜂起時には越前に戻っていたが、本願寺や越前本願寺政権に不満を抱いていたのである。

翌天正三年（一五七五）、二月中旬に織田勢が兵船で越前に侵攻するという風聞があり、下間頼照は対織田戦の城を新たに築城している。しかし、大将と大坊主・一揆らが不和なため、今敵が攻め来たら、まともに戦うことなどできないだろうとの、噂が広まっていたという。既にこの時点で、越前本願寺政権は、事実上内部崩壊していたのである。

一方、織田信長は、天正二年（一五七四）九月に長島一揆を殲滅し、天正三年（一五七五）五月には長篠合戦で武田勢に大勝利した。特に武田方の脅威が去ったことにより、越前再征に本格的に取りかかることとなった。この時点で、越前一揆・越前本願寺政権は、有力な提携者を失うことになり、加賀一揆以外の軍事支援を望むことは不可能であった。

## 織田信長の越前再征

八月十二日に、信長は岐阜から出陣し、大軍を率いて十四日には敦賀に到着している。これに対し、下間頼照や大坊主は、木ノ芽峠や杉津《すいづ》方面で迎撃態勢を取ろうとし、国中に動員をかけたが、住民らはこれまで所領を得て年貢を徴収していた者が出て戦うべきだと主張し、応ずる者は少なかったという。

八月十五日に織田勢の攻撃が開始された。翌日までに越前を征圧した信長は十七日付の村井貞勝宛書状で、「十五・十六日の両日で、越前を平定した。府中の町は敵の死骸ばかりで埋め尽くされている。見せてあげたいくらいだ。今日は山々谷々を探索し、残党を打果たすつもりだ」と誇らしげに戦勝報告をしている。この書状でも、最初の攻撃で一揆勢の籠もる篠尾・杉津城を攻め崩した際に、数多く首を切り、気を散じた（鬱憤をはらした）と述べている（『泉文書《いずみもんじょ》』）。そして、信長の指令により、織田勢による徹底した一揆掃討・殲滅戦が行われた。

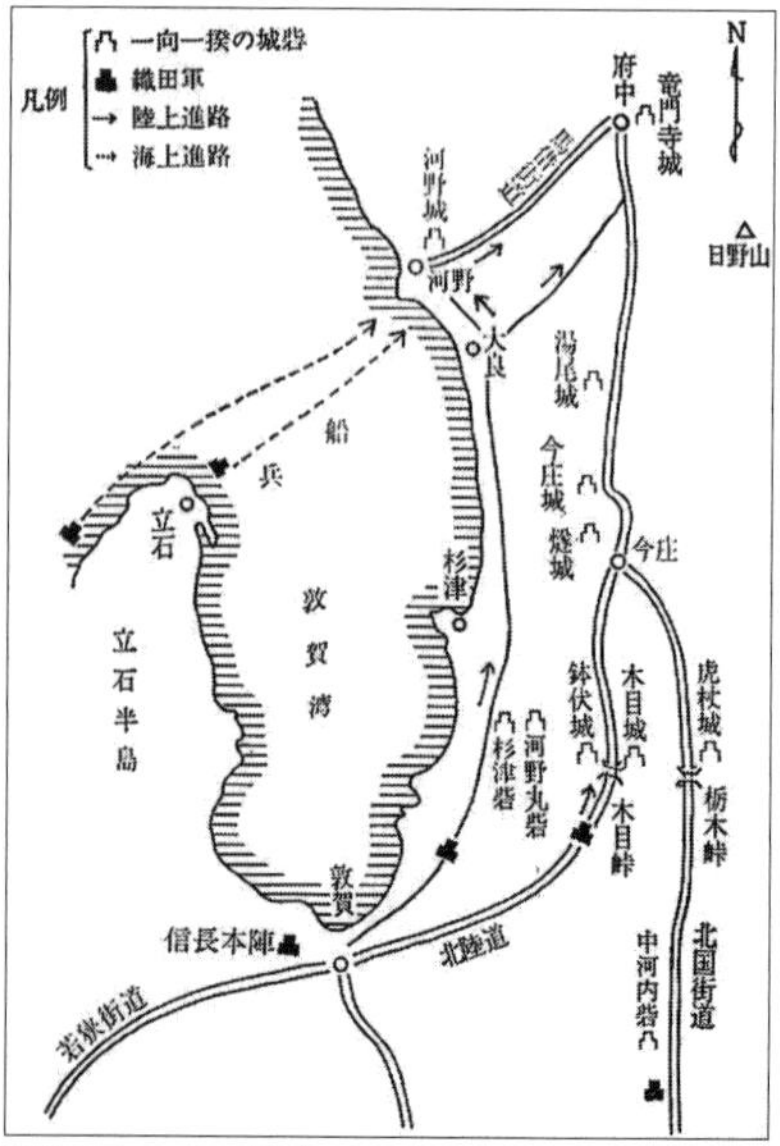

【織田軍の一向一揆攻め要図】
辻川達雄『織田信長と越前一向一揆』
（誠文堂新光社、1989 年）より

## 殲滅戦の状況

織田勢による掃討戦については、寺領河口《かわぐち》・坪江荘《つぼえしょう》の還付を信長に要請するために越前に下向していた興福寺大乗院尋憲が目撃している。二十九日に、尋憲は一揆残党の山狩から戻った原田直正《はらだなおまさ》の陣所を訪れたところ、切り捨てた者のしるしとして鼻をそぎ落として持ち帰り、連行した捕虜二百余を陣屋の西の田で全て斬首するという場面に遭遇する。その日は、たまたま、尋憲の父二条尹房《にじょうただふさ》の二十五回忌の命日の当日であり、仰天した尋憲は、父の追善のためにも、河口・坪江荘の住民を赦してもらいたいと願い出ている（『越前国相越記』）。

山狩指令については、『信長公記』にも、一揆残党が取るものも取りあえず右往左往に山に逃げ上ったので、山林を探索し男女の区別無く切り捨てるように命令が下されたと記されている。その中には、戦乱から逃れるため山に籠もっただけの、一揆とは無関係な農民が多く含まれていたと思われるという指摘がある（谷口：二〇〇二）。

信長の越前再征の情報を伝え聞いた興福寺多聞院英俊《たもんいんえいしゅん》も、多数が討ち捕られ、首を刎ねられ、男女老若関係なく撫切《なできり》（片っ端から切り殺すこと、徹底的に殺戮すること）し、一国の大半が討ち殺された。それにしても、数万人が殺害される罪とは何なのか、と驚愕している（『多聞院日記《たもんいんにっき》』天正三年九月三日条）。

この信長の越前再征時には、織田勢は越前だけでなく、加賀南二郡（能美郡・江沼郡）にも侵攻し平定し、信長はその支配のため檜屋城《ひのやじょう》・大聖寺城《だいしょうじじょう》を構築し簗田広正《やなだひろまさ》・佐々長穐《さっさながあき》・堀江景忠を配した。二十二日付の村井貞勝宛信長書状（『高橋源一郎氏持参文書《たかはしげんいちろうしじさんもんじょ》』）によると、対織田戦に参戦していた加賀北二郡の者共十余人が、赦しを乞い本願寺の上使を殺害したうえで、忠節を尽くすために参上したいと申し出てきた。そこで信長は、申すことに偽りがなければ赦免する旨の朱印状を与えたとしている。

この事例から、信長は領国ではない未征服地の加賀の内応者・降伏者には、寛大さを示したともみなしうる。しかし、『信長公記』では、九月十四日に、賀越（加賀・越前）の諸侍が伝手を頼り帰参の礼をするために、信長のもとを訪れたと記されており、領国だった越前の侍も服属が認められているのである。彼らの赦免理由は不明である。これに関連し、信長に敵対し続け長島一揆にも参加し、長島陥落後に信長に降り服属した、斎藤氏旧臣の日禰野弘就・盛就兄弟が赦免された理由も不明である。

越前本願寺政権の領袖下間頼照は、逃亡途中に高田派門徒に捕らわれ殺害されたが、七里頼周は無事に加賀に帰還している。また、信長からくせ者として名指しされた一揆方の有力部将若林長門守《わかばやしながとのかみ》も加賀へ逃れることができた。頼周はその後も、本願寺の上使として金沢御堂で活動を続けることとなる。

## 一揆蜂起と捕虜の処刑

越前征圧後、信長は柴田勝家らを越前支配に当たらせた。しかし、その後も加賀との国境の大野郡の山間部では、北袋《きたぶくろ》一揆・山中五ヶ村一揆らが抵抗を続けていた。翌天正四年（一五七六）五月二十四日には、大規模な一揆が越前で蜂起している。一揆蜂起の顛末については、一九三二年に越前市東部の味真野《あじまの》の小丸城址《こまるじょうし》から偶然出土した丸瓦《まるがわら》に記録されている。

ここに書いたことを、後世に見てもらいたい。是非語り伝えて欲しい。五月二十四日に一揆が蜂起したが、前田利家《まえだとしいえ》殿が一揆千人ばかりを生捕りにされた。その成敗は、磔・釜ゆで・火あぶりであった。以上、書きとどめ置く。（『小丸城跡出土文字瓦』）

　この内容に関して、文章は淡々としており残虐さは感じられず、「前田利家殿」と敬語を使用していることから、処刑の様子を客観的に書き留め、後世の人へ残したものとする指摘がある（金沢市史編さん委員会：二〇〇四）。

　しかし、敵方であっても、自分より身分が高い人物に対して「殿」や「様」の敬称をつけたり、敬語を使用することは他にも事例がある（天正七年九月十一日付乃美宗勝《のみむねかつ》宛荒木村重《あらきむらしげ》書状（『乃美《のみ》文書』）、天正十年二月四日付西山坊・二見密蔵院《ふたみみつぞういん》宛金剛峯寺惣分沙汰所一﨟坊《そうぶんさたどころいちろうぼう》書状、二見密蔵院軍功書覚《ぐんこうかきおぼえ》（『二見《ふたみ》文書』）、同年三月二十一日付栗林政頼《くりばやしまさより》宛矢野綱直《やのつななお》書状（『覚上公御書集《かくじょうこうごしょしゅう》』）、同年六月二十七日付直江兼続《なおえかねつぐ》宛桐澤具繁《きりさわともしげ》・黒金景信《くろがねかげのぶ》書状（『上杉家文書』）など）。また、瓦、しかも、通常は目に触れることが困難な、城に葺く丸瓦《まるがわら》に処刑の様子をわざわざ記す必要があったのか。何故、日記など紙に記さなかったのか疑問が残る。書いた内容が、織田方に露見することを恐れたとみるのが妥当ではなかろうか。事実、文字を記した人物の思いの通り、何百年も経た遙か後年に偶然に日の目を見ているのである。

この越前一揆の蜂起に先立ち、柴田勝家ら越前支配の任に当たっていた織田方の部将は、反本願寺派寺院や門徒に対して武装することを奨励していた。また、これに関連し、勝家は丹生郡の織田寺社とその内者《うちのもの》（奉公人、使用人）に対して、「刀さらえ」を命じているが、これは刀狩ではなく、知行高に応じて刀などを提出するものだったらしいとする、卓見が示されている（福井県：一九九四）。

一揆が鎮圧された同じ年に、加賀に亡命していた北庄・石場《いしば》・木田《きだ》（福井市）の惣老《そうろう》（自治的村落や町の指導層）らは、上杉謙信に越前出馬を懇願している（年代比定は、神田：二〇一九、竹間：二〇二〇）。この頃、本願寺・加賀一揆と上杉氏との間で和睦が結ばれていた。まさに、五月の越前での一揆蜂起は、反織田勢力にとって大きな山場であった。そのため、加賀の旗本らは、謙信の出馬を強く望んだが、謙信は出馬せずに、越前一揆は孤立し見殺しにされてしまったのである（井上：一九六八）。

## E、毛利氏との同盟と雑賀《さいか》一揆

### 足利義昭の策動と毛利氏

天正二年（一五七四）四月、顕如は織田信長に対して再び挙兵し、織田方の摂津中島城を陥落させた。これに応じた遊佐信教《ゆさのぶのり》・三好康長《みよしやすなが》も、河内高屋城で信長に対して挙兵する。そのため、信長は、筒井順慶《つついじゅんけい》らの部将に本願寺・高屋城攻撃を命じている。その後、信長自身は、六月に武田勢の攻撃を受けていた遠江《とおとうみ》の高天神城《たかてんじんじょう》救援に向かい、七月には長島一揆攻撃に出陣しており、大坂・河内方面での戦いは荒木村重らに当たらせていた。

この間、信長に追放された足利義昭は、紀伊の由良《ゆら》で各地の大名などの諸勢力に対して、京都へ帰還するための協力を要請している。顕如は最初の挙兵時には、信長に擁立された義昭とも敵対していたが、義昭が信長と対立したことにより、ともに反織田勢力となっていた。

翌天正三年（一五七五）四月、信長は高屋城・本願寺攻撃のため出陣した。高屋城は落城し三好康長は降伏したが、赦免されただけでなく、以後、信長から重用されることになる。

翌五月に、長篠合戦で本願寺の有力な同盟者武田勝頼が大敗北し、八月には信長の越前再征で越前一揆が壊滅し、本願寺にとって戦況が不利となった。そのため、信長に降った三好康長らが仲介し、年末に信長が本願寺を赦免するという形で、二度目の和睦が結ばれた。しかし、信長・顕如双方ともに、時間稼ぎのための一時的な和睦にすぎないと認識していたのだった。次なる戦いは翌年四月に開始されることになる。その二ヶ月前には、足利義昭が由良から、毛利氏の領国備後《びんご》の鞆《とも》に移っており、信長を倒し京都へ帰還することを策動していた。それまで、毛利氏は織田氏と敵対していなかったが、この年の五月に、信長との対決姿勢を鮮明にした。これにより、本願寺と毛利氏は同盟関係になった。信長は、明智光秀・細川藤孝・荒木村重・塙《ばん》（原田）直正《なおまさ》を本願寺攻撃に出動させたが、五月三日の戦闘で一揆勢の猛攻で直正は討死した。この時、本願寺方では、雑賀衆が多数の鉄砲を駆使し奮戦している。

## 雑賀衆、反信長連合に加わる

雑賀衆とは、紀伊の紀ノ川《きのかわ》下流域の雑賀五組（宮郷《みやごう》・中郷《なかごう》・南郷《なんごう》・雑賀庄・十ヶ郷《じっかごう》の五つの荘《しょう》郷《ごう》＝村落共同体）の地域連合体である。一方、雑賀門徒衆は、鷺森《さぎのもり》御坊（雑賀御坊、親鸞・蓮如の連座像《れんざぞう》を所蔵する）に結集する門徒組織であり、その中には雑賀衆の構成員もいたが、両者の組織原理は全く異なったものである。しかも、雑賀では北陸とは異なり、本願寺の門徒が圧倒的に多かったわけではない。しかし、本願寺関係史料では、雑賀衆は、雑賀門徒衆の意味で使用されている（武内：二〇〇三、二〇〇五、二〇一六）。事実、義昭側近の真木嶋昭光《まきしまあきみつ》や敵方の信長は、「雑賀惣中」、「紀州雑賀并組中」という文言を用いている（『真乗寺旧蔵文書』、『本願寺文書』）。

元亀元年（一五七〇）石山合戦開戦時には、独自に本願寺方についた有力土豪《どごう》（豪族《ごうぞく》、村落領主）の鈴木孫市《すずきまごいち》や佐竹伊賀《さたけいが》を除き、雑賀門徒衆を含み雑賀衆は、織田方として出陣していた。その後、本願寺と提携していた有力武将篠原長房《しのはらながふさ》が、阿波守護細川真之《ほそかわさねゆき》と主君の三好長治《みよしながはる》に攻め殺された時にも、雑賀門徒衆を含む雑賀衆が長治方として参戦している。長房は妻が本願寺一家衆教行寺《きょうぎょうじ》の娘であり、顕如と類縁関係にあった。また、石山合戦開戦時に四国から本願寺・三好三人衆の救援に向かっており、その際に顕如と誓詞を交わしているなど、本願寺にとっては重要な人物であった。

雑賀門徒衆は、当初、顕如の意向と関係なく行動していたわけだが、天正三年（一五七五）以降には、本願寺方に付きその一翼を担うことになる。そして、雑賀庄・十ヶ郷の非門徒を含んだ個々の有力土豪とともに、反信長連合を形成するにいたった（武内：二〇〇三、二〇〇五、二〇一六）。本書では、以降、この反信長連合を雑賀衆として表記する。

同年六月に、篠原長房の一族政成《まさなり》らは、岡了順《おかりょうじゅん》ら雑賀門徒の代表者四名と「雑賀両郷（雑賀庄・十ヶ郷）百人御書立衆中《おんかきたてしゅうちゅう》」に対して、顕如へ長房の遺児について身上の取りなしをしてもらったことを感謝し、阿波と淡路における調略を約して、本願寺と雑賀衆に対して背反しないことを誓っている（『本願寺文書』）。雑賀衆は長房攻撃に参戦していたが、長房滅亡時にその妻（教行寺の娘）と遺児を雑賀に引き取っていたという経緯があった。しかし、長房滅亡に加担したものの、顕如の係累に連なる遺児に対しては本領回復に協力したのだった。そして、篠原一族も、反信長連合の一員として尽力することを、本願寺と雑賀衆に対して誓約したのである。

## 本願寺包囲戦と第一次木津川口海戦

話を天正四年（一五七六）の戦いに戻そう。塙直正討死後、本願寺の一揆勢は織田方の明智光秀らが籠もる天王寺砦に攻撃を仕掛けていた。信長は、急遽救援に向かい、七日に激戦が展開された。一揆勢は数千の鉄砲で織田勢を攻撃し、信長自身も軽傷を負い足に被弾している。

この戦闘で、「大坂《本願寺》の左右の大将」と称された筆頭坊官下間頼廉と雑賀衆の有力者雑賀（鈴木）孫市が討死したとの報が、京都にもたらされた。特に孫市に関しては、信長自身が村井貞勝にわざわざ知らせているのである。しかも、五月九日には孫市の首が京都で晒され、公家の中御門宣教《なかみかどのぶのり》はこれを見物している（『言継卿記』天正四年五月七日条・『宣教卿記《のぶのりきょうき》』天正四年五月八日・九日条）。しかし、両名とも死んではおらず、その後も対織田戦で活躍し続けることになる。信長は首を間違えたのか、あるいは意図的に戦勝の喧伝のために偽物の首を晒したのであろうか。

この戦闘後、信長は天王寺砦に重臣の佐久間信盛らを配し、大坂四方に十ヶ所の付城を、住吉の浜辺に要害を構築するなど、本願寺を包囲して兵粮攻めにする作戦に出た。これ以降、本願寺は籠城戦に突入することになる。その一方で、雑賀衆の力を思い知らされた信長は、対雑賀衆戦のための調略を仕掛け、五月十六日に雑賀の宮郷・中郷・南郷へ、十九日に宮郷の大田源三大夫・神崎中務丞《こうざきなかつかさじょう》へ、雑賀成敗の際には忠節を尽くすことを申し出たことに対し賞している。信長は、雑賀衆同様に多数の鉄砲を有していた新義真言宗《しんぎしんごんしゅう》の根来寺《ねごろじ》も味方に引き入れていた。この信長の調略は、五月二十一日時点で本願寺も把握していた。

七月、本願寺に兵粮を搬入するため、毛利氏の水軍八百艘が大坂湾に来航してきた。これを阻止するため大坂湾の木津川口《きづがわくち》で織田方の水軍三百艘が迎え撃ったが、雑賀衆の水軍の協力をえた毛利水軍が圧勝し搬入に成功した。この戦いが、毛利氏と織田氏の最初の戦いであり、勝利した毛利氏は瀬戸内海から大坂湾への制海権を握ることになった。

### 織田信長の雑賀攻撃

『信長公記』では、翌天正五年（一五七七）二月二日に雑賀内の三緘《みからみ》（宮郷・中郷・南郷）と根来寺の杉の坊が、織田方に味方すると申し出てきたと記している。二月十三日、信長は雑賀攻撃の出陣をする。二月十八日、根来寺は真言宗の高野山金剛峯寺《こんごうぶじ》にも雑賀成敗に加わるように呼びかけており、同じ日に顕如は根来寺の動静を気にかけていた。

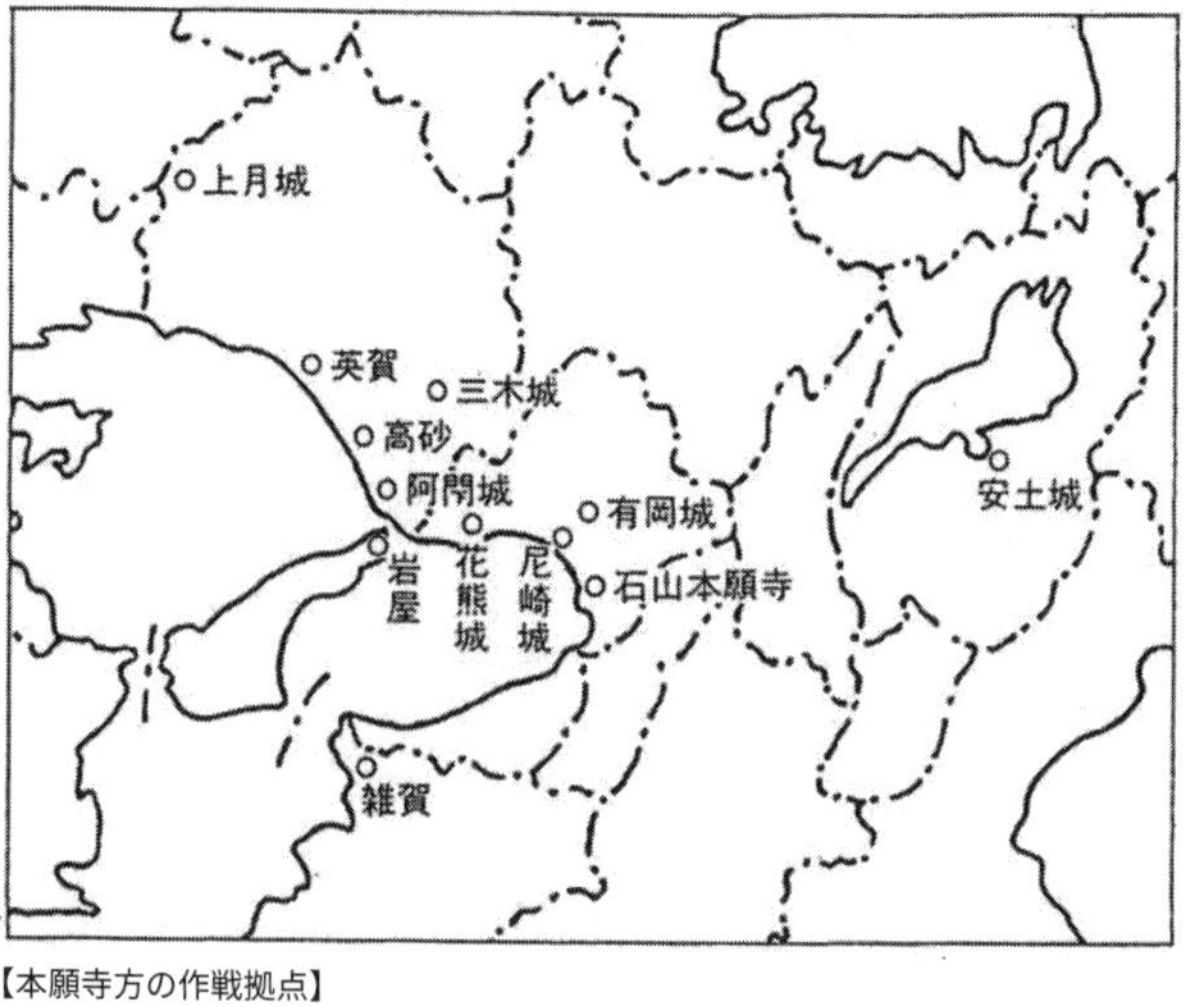


【本願寺方の作戦拠点】
『和歌山市史』第一巻 自然・原始・古代・中世より

二月二十二日に攻撃が開始された。織田勢は山手と海岸沿いの二方面から攻め入り、海岸沿いの部隊が二月二十八日に中野城《なかのじょう》の一揆勢を投降させ、三月一日に鈴木孫市の居城を包囲した。その後、孫市を含めた雑賀衆は降伏し、三月十五日に信長から赦免された。

五月二日に顕如は中野城で降伏した雑賀門徒に対して、言語道断としながらも悔い改めて親鸞＝本願寺の味方として戦うならば赦免するが、織田方に付くならば法敵として見なすと通告している。そして、六月二十七日には、下間頼廉が雑賀衆に鉄砲衆五百の派遣要請をしており、翌月頃には雑賀衆は再び反織田方として本願寺の一翼を担い参戦することになった。しかも、雑賀では、反織田方の有力土豪である孫市や土橋平次《つちばしへいじ》の勢力が増大し、逆に織田方に付いた宮郷・中郷・南郷の勢力が低下していったのである（武内：二〇〇五、二〇一六）。

## 播磨の攻防戦と雑賀衆

十月、信長の部将羽柴《はしば》秀吉（木下秀吉が改姓）が播磨《はりま》侵攻を開始し、難なく東播磨を平定した。そして、西播磨の毛利方の上月城《こうづきじょう》・福原城《ふくはらじょう》を攻落させた。上月城では、投降した城兵とその妻子を見せしめとして殺戮し、毛利氏と敵対する尼子勝久《あまごかつひさ》を入城させている。秀吉の播磨平定は順調に進むかに見えたが、翌天正六年（一五七八）二月、それまで織田方に付いていた東播磨の三木城主別所長治《みきじょうしゅべっしょながはる》が、毛利氏に転じ織田方から離反した。四月には毛利勢が、上月城の奪還のため出陣している。しかし、織田方は三木城攻撃に専念したため、上月城は見捨てられ、尼子勝久は自害し、毛利方に攻略された。

淡路岩屋《あわじいわや》は、瀬戸内海・大坂湾の制海権を維持するうえで重要な軍事拠点であったため、本願寺や毛利氏は、雑賀衆の岩屋在陣を求めている。また、本願寺は、雑賀の鉄砲衆に、「毛利氏に対する面目」のために上月城奪還戦へ参戦をすることを強く呼びかけ、さらに播磨高砂《たかさご》への渡海を求めている。ところが、岩屋では、雑賀衆は毛利勢と喧嘩口論を起こし、内輪もめも起きてしまう。そして、六月には播磨から交代要員を待たずに勝手に帰国してしまった。このように、雑賀衆は、本願寺に必ずしも従順であったわけではなかった。

顕如は、天正四年（一五七六）五月十日に、雑賀衆の奮戦を賞しつつ、法義を説いたうえで、いたずらもの（悪い心得の者、悪賢い者）の言動に惑わされることを諫め、自分勝手な判断をしたり、立場をわきまえない者は破門にすると通告していた（『顕如上人文案』）。それほど、雑賀門徒の統制に苦慮していたのである。雑賀衆の中の門徒でさえ、この有様だったのであり、まして本願寺の法義や宗主の破門とは全く無関係な非門徒が、自分の思い通りに行動するのは当然であろう。

## 荒木村重、本願寺に通じる

十月に、信長から摂津の支配を任されていた荒木村重が本願寺に通じ、謀反を起こし挙兵した。十月十七日に、顕如は、同盟堅持や村重の支配地への不介入などを約した誓詞を、村重父子に提出している。この間、織田方では水軍の立て直しのため大船を七艘建造し、六月に堺に向け出航した。雑賀水軍はこれを阻止しようとたが、大鉄砲で難なく撃破されてしまった。そして、十一月六日には、毛利水軍が大坂湾の木津川口で再び織田水軍と交戦したが、惨敗している。しかし、これで瀬戸内海の制海権を全て失ったわけではなかった。

## 荒木村重の有岡城《ありおかじょう》脱出の真相

毛利氏や雑賀衆は、村重に援軍を送ったが、翌年の天正七年（一五七九）九月二日に、村重はそれまで籠城していた有岡城から尼崎城《あまがさきじょう》に移った。『信長公記』では、五・六人のわずかな家臣のみを伴い密かに移ったと記している。しかし、村重は、有岡城に残る妻子・一族や城兵を見捨てて、自分のみが助かろうとしたわけではない。また、移動の際には、御前衆（親衛隊）を率いている。村重が反旗を翻した当初、信長は大軍で有岡城を猛攻したが、信長の側近万美重元《まんみしげもと》が討死するなど、容易に陥落させることができなかった。そこで、城を厳重に包囲する作戦に変更した。そのため、内陸部の有岡城は孤立することになったのである。

村重の尼崎城移動について、織田方の厳しい包囲戦による不利な戦況を立て直すために、大坂湾岸に位置し毛利氏や雑賀衆の援軍の拠点で兵站の確保に有利な尼崎城に移ったとする、重要な指摘がなされている。また、尼崎城には毛利氏の部将桂元将《かつらもとまさ》が来援しており、元将を通じて毛利氏の救援要請をするために移動したとする指摘もある。事実、尼崎城に移った村重は九月十一日に、毛利水軍を率いる乃美宗勝《のみむねかつ》・雑賀衆の鈴木孫市と中村左衛門九郎《さえもんくろう》に援軍を要請しているのである（天野：二〇一一、二〇一四、谷口：二〇〇二、二〇〇七）。

## 尼崎城・花熊城《はなくまじょう》と摂津西部の百姓

その後、有岡城では織田方に内通する者が出るなどして、十一月十九日に落城する。信長は、村重の妻子・城兵を人質にし、その助命条件として、村重に荒木方の尼崎城と花隈城の明け渡しを要求した。しかし、村重は応じず、信長は見せしめのために、十二月十三日に尼崎に近い七松で村重の家臣の妻子百二十二人を磔にし、下級武士の妻子とそれに仕える若党五百十二人を家に閉じ込め焚殺した。その三日後には、村重や一族の妻子が京都で斬首されている。

村重が信長の要求に応じなかった理由を、長島一揆や上月城のように、開城させた後にその非戦闘員を虐殺したことに求める見解が、注目される。しかも、既に信長に反発する摂津西部の百姓が村重に呼応しており、有岡城の村重類縁の殺戮後も、尼崎城・花隈城で抗戦し続けたのである（天野：二〇一四）。惨殺や殺戮は、信長の鬱憤を散ずることができたが、かえって両城の城兵や摂津西部の百姓の態度を硬化させたのだった。

十二月には乃美宗勝・荒木元清《もときよ》が花隈城から退城したが、雑賀衆は踏みとどまり奮戦していた。しかし、翌天正八年（一五八〇）正月、織田方の兵粮攻めで孤立無援の、別所長治が拠る三木城も陥落してしまった。これに先立ち、十二月三日、本願寺は信長との和睦について意見を求めるため、雑賀年寄衆《としよりしゅう》（指導層）に至急上山することを求めた。織田方も朝廷を動かし、年末に勅使が本願寺に下されている。

雑賀衆の中には和睦に抵抗する末の者（末端の者）が、和睦交渉の仲介をする勅使《ちょくし》に対して狼藉を働いたため、鈴木孫市ら雑賀衆は顕如の意向に従う旨の誓詞を提出している。閏《うるう》三月五日に下間頼廉ら本願寺の三人の坊官が、朝廷に誓詞を提出し和睦（事実上の降伏で、信長が本願寺を赦免するという内容）を受諾した。その中には、織田方の要求する花隈城と尼崎城の明け渡しに加えて、雑賀衆が顕如に従い和睦に同意する誓詞を提出させることが書かれていた。

しかし、花隈城と尼崎城は、その後も七月まで織田方と戦い続けている。和睦締結後、荒木村重は尼崎城から退去し毛利氏のもとに逃れており、両城を支えたのは摂津西部の門徒を含む百姓らの一揆だった。彼らは、顕如の挙兵の呼びかけには応じなかったが、織田政権の上からの一方的な支配に反発し、村重の謀反を契機に挙兵したのである。まさに、自らの地域社会を守るための戦いであり、摂津西部の百姓の動向は、一向一揆に収斂されたものではなかった（天野：一九九九、二〇一五）。

## 雑賀の権力闘争

信長との和睦に関しては、顕如の嗣子教如が反対し、本願寺に残り籠城戦を続けた。雑賀年寄衆の岡太郎次郎《おかたろうじろう》・島本左衛門大夫らは、教如を支持し和睦に反対したが、最終的には和睦に同意することになる。四月に顕如は雑賀衆が護衛する中、大坂から退去し鷺森御坊に移った。しかし、六月時点でも、顕如が雑賀の三ヶ郷（宮郷・中郷・南郷）の門徒に教如に同調しないように注意したり、雑賀庄の年寄衆岡了順は地元の門徒が和睦に反対していることに苦慮していたのである。

七月に花隈城・尼崎城も陥落し、教如も八月に大坂を退去し雑賀衆の送った船で雑賀に向かった。その後、雑賀では有力土豪の鈴木孫市と土橋若大夫《わかたゆう》（平次）との主導権争いが勃発した。天正十年（一五八二）正月、信長と結びその支援を受けた孫市は、若大夫を殺害し、その子供らも攻め殺したり雑賀から放逐した。この対立抗争に対し、顕如は孫市に自重を求めたが、聞き入れられることはなかった。こうして孫市が雑賀の主導権を掌握したが、六月二日の本能寺の変で信長が頓死したことで、親信長派の孫市の立場は一変し、土橋一党の攻撃により雑賀から出奔する羽目になる。その後は、土橋氏が雑賀の主導権を握ることになった。そして、信長の死により、義絶状態が続いていた顕如と教如は和解することになった。

土橋氏は信長を殺害した明智光秀との提携を図ったが、六月十三日の山崎合戦で光秀は敗死してしまった。この戦いに勝利した羽柴秀吉が、その後、天下統一戦を進めていくことになる。秀吉は、紀州の根来寺・粉河寺《こかわでら》（天台宗寺院、現在は粉河観音宗《こかわかんのんしゅう》本山）・雑賀一揆が恭順しないことを理由に、成敗対象にしていたという。緊張が高まる中、天正十一年（一五八三）七月、秀吉と昵懇となっていた顕如は鷺森から和泉《いずみ》の貝塚《かいづか》へ移っている。

### 雑賀衆の壊滅

天正十二年（一五八四）の小牧《こまき》・長久手《ながくて》合戦の折には、秀吉と敵対する徳川家康が本願寺との提携を呼びかけたが、顕如は応じてはいない。しかし、雑賀衆は根来寺とともに家康と連携し、秀吉方の和泉《いずみ》の岸和田城《きしわだじょう》を攻撃したが敗退している。その翌年三月に秀吉は紀州攻めを敢行した。三月二十一日に教如と顕尊《けんそん》（顕如の次男）は坊官を伴い、和泉《いずみ》の大津《おおつ》まで赴き秀吉を出迎え、太刀・馬代を献上している。

三月二十三日と二十四日に根来寺・粉河寺が次々に焼失し、雑賀衆では領袖土橋平丞《へいのじょう》が逃亡したり、内輪もめが起こる始末だった。秀吉は雑賀の諸城を難なく次々に陥落させていった。最後まで抵抗を続けた宮郷の太田城《おおたじょう》も、四月二十二日に陥落し、首謀者五十人が処刑され、残りの者は武装解除を条件に赦免された。これにより、雑賀衆は壊滅したのである。

### F、石山合戦の終焉

### 上杉謙信、本願寺・加賀一揆と和睦する

天正三年（一五七五）八月の織田信長の越前再征時に、信長と同盟関係にあった上杉謙信は越中に出馬しており、北加賀にも侵攻し所々を放火している。加賀一揆勢は対織田戦で兵力を割かれており、越中との国境に十分な兵を配備しきれなかったのである（上越市史編さん委員会：二〇〇四、柴：二〇一八）。しかし、この時の謙信の主眼はあくまで越中平定であり、北加賀を支配下に収めたわけではない。

既に同年五月の長篠合戦で、信長と徳川家康の連合軍が武田勝頼に圧勝したことで、対武田氏戦で結ばれていた織田・徳川・上杉の同盟の均衡が微妙なものになっていた。そのうえ、信長が越前再征で越前・加賀南二郡を征圧したことで、謙信との勢力圏が加賀北二郡・能登を挟み接する事態となり、その同盟関係が一層変化していき、やがて緊張関係へと繋がって

いった。その後、十一月に謙信は長年敵対していた武田勝頼との和睦に踏み切り、対織田戦を決意することになる。そして、翌四年（一五七六）五月、謙信は本願寺・加賀一揆と和睦し、明確に信長と断交した。

## 加賀一揆の内紛と上杉謙信

謙信との和睦後、加賀一揆はその軍事指揮下に入ることを表明している。しかし、八月には、本願寺上使の坊官七里頼周の独断専行に激しく反発した北二郡の旗本らが、下間頼廉に対して頼周を弾劾する事態になっていた。そもそも、顕如自身が、頼周を加賀に下向させた際に、上使と一揆構成員は親密に手を携えてよく相談するようにと指示を下していたのだった。この一揆内の権限をめぐる対立・確執が原因で、謙信は越中から南下することはなかった。

この対立の中、頼周は、石川郡の旗本鏑木頼信《かぶらぎよりのぶ》を和睦の阻碍要因として決めつけ成敗対象とする旨を謙信に伝えたうえで、出馬の要請を行っている。そして、顕如は、北二郡旗本らの主張を認めることなく、頼周の成敗対象となった頼信とその与同者奥政尭《おくまさたか》らを悪逆人と認定し、法敵として火急に成敗するように加賀四郡へ指令を下した。顕如は、一揆の衆議《しゅうぎ》（評議・話し合い）よりも、自分の代理人たる上使の意向を重視したのだった。上使の判断は宗主顕如の判断そのものであり、一揆はそれに従わねばならないという顕如の決定は、一揆そのものの存在理由を否定するものであった。すなわち、宗主の指示は一揆の衆議により受諾されるという原則（神田：一九九五）に背反することになったのである。

結局、本願寺上使と北二郡の対立は、謙信が調停に乗り出し、誅罰対象だった頼信らの赦免を実現させることで、収束させることができた。もはや、本願寺や加賀一揆内の自助努力では内紛を解決できず、謙信が政治力を加賀におよぼしはじめていたのだった（上越市史編さん委員会：二〇〇四）。

## 上杉謙信、加賀湊川で織田勢を敗る

加賀の内紛を収めた謙信は、対織田戦を見据えた能登侵攻を開始した。十二月には守護畠山氏の居城七尾城《ななおじょう》を包囲する。七尾城では、畠山氏の重臣長続連《ちょうつぐつら》・綱連《つなつら》父子が織田方に通じており、これを一掃し能登を領国化するための攻撃であった。謙信の能登領国化は、本願寺にとっても既定路線であった。翌天正五年（一五七七）三月、謙信は関東の味方である佐竹《さたけ》氏《し》らから何度も出陣要請があったため、一旦越後に帰陣している。閏七月に能登に再出馬した謙信は、七尾城を再び攻撃した。

謙信の出馬に対し、八月八日に、信長は柴田勝家を大将とする軍勢を北国《ほっこく》に派遣している。織田勢は、加賀に乱入し湊川《みなとがわ》・手取川《てどりがわ》を越え能美郡の小松《こまつ》・本折《もとおり》・阿多賀《あたが》所々を放火し、上杉勢に包囲されていた能登末森城《すえもりじょう》の救援に向かった。九月十日付の書状で、勝家らは、加賀の河北郡高松《たかまつ》に上杉勢が在陣しておりその中に加賀一揆勢が加わっていること、能登の百姓は全て謙信に味方をしていることなどを、信長に報告している。

謙信は九月十五日、十七日に七尾城・末森城を次々と陥落させた。十八日には、勝家らが率いる織田勢が加賀湊川まで進軍し陣取ったので、越後・越中・能登の軍勢を向かわせることになる。そして、二十三日夜に織田勢を敗退させた。その後、謙信は能登と加賀北二郡を勢力下に組み入れることになる。この年の年末には、謙信は家臣や従属した将士八十一人の名簿を作成したが、その中には、金沢御堂の坊官下間頼純・七里頼周・御蔵方坪坂伯耆守《つぼさかほうきのかみ》・江沼郡の旗本藤丸勝俊《ふじまるかつとし》の名が記されている。ちなみに勝俊は、本能寺の変の翌日に、織田方の猛攻で落城した上杉方の魚津城《うおづじょう》に在城し討死している。

## 上杉謙信の急死と織田方の反撃

謙信主導の下、本願寺・加賀一揆は勢力挽回を図るが、天正六年（一五七八）三月に謙信が急死した。上杉家中では家督争いが勃発し、北国では織田方の反撃を受けることになる。加賀一揆勢は抗戦を続けており、翌天正七年（一五七九）八月には、織田方の柴田勝家が南加賀能美郡の阿多賀などを焼き払い、刈田《かりた》（味方の兵粮を得るためや、敵方の兵粮を絶つ目的で、作物を刈り取る）を行っている。

前項で触れたように、天正七年（一五七九）末に、本願寺は信長との和睦を模索し始めた。天正八年（一五八〇）三月十七日に信長は覚書を作成し、和睦に関する条件を示している。その中には、「本願寺の大坂退城後に信長に従い何事もなければ、加賀を返還する」という内容が含まれていた。さらに、信長は、閏三月二日に、重ねて本願寺に対し、赦免するのでこれまでのように加賀を返還すると約束をしている。そして、閏三月十一日に、柴田勝家に加賀での停戦を指令し、砦は現状のまま維持することを命じた。しかし、この間、和睦が成立した閏三月五日から、勝家は加賀一揆に対して激しい攻撃を仕掛けており、閏三月九日には金沢近郊の一揆勢が籠もる野々市《ののいち》を攻略し、大坊主光徳寺《こうとくじ》が拠る木越《きごし》も攻め落としている。

信長は、閏三月三十日付の長連龍《ちょうつらたつ》宛の黒印状《こくいんじょう》（花押の代わりに黒印を押した文書）で、信長から加賀北二郡の攻撃を命じられた勝家の活躍を賞し、「加賀の敵をほとんど討果たしたことは、けっこうなことである」と述べている（『長家文書《ちょうけもんじょ》』）。一方の本願寺側でも、閏三月五日に教如は、父顕如とともに誓詞を提出し和睦を受諾しているが、その数日前には、越中の善《ぜん》徳寺《とくじ》に対し籠城戦を継続する意向を表明している（岡村：二〇一六）。そして、顕如の大坂退出後も、本願寺に留まり抗戦を継続することになり、各地の門末に対して協力を求めていた。教如の抗戦継続は、信長への不服従となり、これを理由に和睦条件にあった加賀返還を反故にできるため、かえって信長にとっては好都合であったのである（谷口：二〇〇六）。

## 抗戦を続ける加賀一揆

四月以降も金沢では戦闘が継続されていた。顕如は四月一日と二日に、戦闘を続けている鈴木出羽守《すずきでわのかみ》と山内惣中（山内に関しては三章四節参照）・加賀四郡に対して、信長との和睦成立と南二郡返還が約束されたことを伝え、柴田勢が乱入し金沢辺りで放火をしているが、必ず停戦になると告げた。しかし、大坂に留まった教如は二日に加賀四郡に対し、加賀の状況を心配したうえで信長への抗戦継続を訴えている。

四月二十三日時点で、金沢は柴田勢に攻略され、加賀平野部は織田方に征圧されてしまった（この月に金沢御堂は陥落し、その後、金沢城として普請される）。しかし、しぶとく山内衆は抗戦を継続していた。その後、戦況が不利となったため、教如も信長との和睦を受け入れ八月二日に大坂から退去する。この和睦締結に当たり、七月十七日に信長は、教如の大坂退去後に加賀を返還することを誓約したが、履行されることはなかった。

八月三日、顕如は、加賀四郡・鈴木出羽守・山内惣庄に教如の大坂退去を伝え、信長から加賀を返還してもらうために停戦を強く命じた。結局、これ以後も加賀一揆勢は、山内・越中の境などで、上杉景勝《かげかつ》（上杉家中の家督争いに勝利した謙信の継嗣）と提携しその救援を期待しつつ、抗戦し続けていた。

十一月十七日、柴田勝家の調略により、討取られた若林長門守・宇津呂丹波守《うつろたんばのかみ》・鈴木出羽守ら加賀一揆の首領十九人の首が安土に送られ晒されている。翌天正九年（一五八一）二月と三月に、京都で天皇を招いた信長の馬揃《うまぞろえ》（観兵式・軍事パレード）が催され、勝家ら北陸に派遣されていた部将も参加していた。その隙を突いて、山内の一揆勢は、勝家配下の兵が籠もっていた二曲城《ふとうげじょう》を攻略した。だが、勝家の甥佐久間盛政《さくまもりまさ》が金沢城から出撃し、一揆の多くが討取られ奪還されている。越中でも、上杉景勝が出陣し一揆勢とともに、信長の部将佐々《さっさ》成政《なりまさ》の城兵が守備する小井出《こいで》城（小出城）を攻撃したが、織田方諸将の援軍が向かってきたため、包囲をやめ撤兵していた。

天正十年（一五八二）春に、再び山内の一揆が蜂起したが、三月一日に鎮圧され、生捕られた者数百人が磔刑に処せられている。近世に作成された『貞享二年里正由緒記《じょうきょうにねんりせいゆいしょき》』によれば、この時に蜂起した一揆は、山内の吉野組《よしのくみ》七ヶ村で、鎮圧後三年もの間荒廃したという。また、山内の牛首組《うしくびくみ》十六ヶ村は、柴田勢の攻撃に協力したと記されている。この山内鎮圧により、加賀は織田方に完全に征圧された。

## 越中、北信濃の一揆

同時期、瑞泉寺が率いる越中五箇山・河上一揆も防戦をしていたが、頼みとする上杉景勝は、越中・関東・信濃方面から迫り来る織田勢の対応に追われていた。三月以降、その越中では上杉方の魚津城・松倉城《まつくらじょう》が織田勢に包囲されている。四月に織田方の森長可《もりながよし》が北信濃の川中島《かわなかじま》に侵攻した際に、芋川親正《いもかわちかまさ》が率いる一揆勢が蜂起したが鎮圧された。この一揆は一向一揆と推定されているが、康楽寺《こうらくじ》ら本願寺の有力末寺は、一揆に加わってはいない。一揆参加者には、侵略者への村ぐるみの抵抗の意識が基底にあったと考えられる（池上：一九九八）。

五月上旬に、魚津城・松倉城救援のために景勝は越中に出陣し、十五日に天神山《てんじんやま》に布陣したが、織田方の関東・信濃方面からの侵攻に備えるために撤兵せざるを得なくなった。特に北信濃からは森長可が越後に侵入する事態になっていた。織田方に四方を包囲された状態の景勝は滅亡寸前まで追い詰められていたが、六月二日の本能寺の変により危機を脱することができたのである。

## 一向一揆の消滅

先述のように信長の頓死により、顕如と教如が和解している。その後、賤岳合戦《しずかたけかっせん》、小牧《こまき》・長久手合戦《ながくてかっせん》の折に、羽柴秀吉、徳川家康から、本願寺を味方に引き入れる工作が行われ、顕如は加賀返還を条件に一揆蜂起を促されていた。しかし、顕如が門末の蜂起を指令することはなかった。その一方で、石山合戦時に蜂起しなかった飛騨の一揆が顕如の意向に反して、小牧・長久手合戦時には反秀吉方として蜂起している（太田：二〇一〇）。また、伊勢でも一揆が蜂起したため、秀吉から関与を疑われ詰問された顕如は無関係であることを必死に弁疏することになる（『貝塚御座所日記』天正十二年四月二十日条）。

秀吉の死後、慶長《けいちょう》十九年（一六一四）十一月の大坂冬の陣の出陣にあたり、前田利常は、能登珠洲《すず》郡《ぐん》鵜飼《うかい》妙厳寺《みょうごんじ》以下十四ヶ寺（二道場を含む）から人質を取り、一揆を催すことがないことを誓約させた。さらに鹿島郡《かしまぐん》の在々所々の長百姓らを人質として召し上げている。幕藩体制確立期においても、能登の本願寺末寺や村の住人から人質を取らねばならない程、依然、情勢次第で門末が一揆を起こす存在であると見なされ警戒対象とされていたのだった。だが、門末やその与同者による武力蜂起は、その後起きることはなかった。

## 五、第四章のまとめ

本章では、激動の時代の顕如・本願寺と各地の一揆についてみてきたが、その多様性から結果的に多くの紙面を割き本書の大半を占めることになった。とりわけ石山合戦については六項に及んでいる。以下、これをまとめてみよう。

　顕如は、継嗣の翌年から戦国大名に伍して、動乱に身を投ずることになる。対朝倉戦は、加賀の死守に直結するものであり、隣国越中における上杉氏との戦いもこれに通じていた。加賀特に北二郡の一揆は、自らの支配領域の維持・拡大のために、本願寺坊官の指揮下で積極的に戦闘に参加することになる。そのため、朝倉氏との和睦には強く反対する者もいて、坊官により成敗されている。対上杉戦時には、朝倉氏との和睦・同盟が成立しており、南二郡の一揆は、朝倉氏・浅井氏とともに対織田戦に当たり、加賀一揆は南北で二方面に分かれ戦うことになった。

　三河一向一揆に関しては、顕如・本願寺との関わりは確認できない。しかし、徳川家康にとっては覇権確立のうえで克服せねばならない戦いとなった。逆に門末は、寺内特権を剥奪され、院家の本宗寺以下有力寺院が国外に追放されてしまう。

　元亀元年（一五七〇）九月から始まる石山合戦（対織田戦）では、顕如の参戦指令に応じない門末・寺内町も存在した。また、顕如の呼びかけと関係なく挙兵した摂津西部の一揆や北信濃の一揆の事例もあった。さらに、飛騨一揆・伊勢一揆は、石山合戦後の小牧・長久手合戦時に本願寺とは無関係に蜂起している。

　一方、織田信長による過酷な殺戮作戦が実行された長島一揆と越前一揆では、その内情が全く異なっていた。長島一揆は、院家願証寺を中心に非門徒も糾合し、水陸交通・流通の要衝をめぐり、織田勢と死闘を繰り広げた。片や、越前一揆は、織田方の支配者を実力で打倒・放逐して越前を奪い、戦国大名の支配秩序を解体したのだが、その後、本願寺の坊官らによる支配がなされた。しかし、対織田戦の防波堤としての役割が過度に期待されるあまり、坊官・大坊主は、一揆が解体した戦国大名的領国の再構築を急ぎ、拙速な統制強化により多くの一揆構成員の支持を失ってしまった。このように、越前一揆は、織田信長の再侵攻を前に内部崩壊していたのである。そもそも、越前一揆の蜂起の発端は、外来勢力の排除にあり、本願寺の坊官や長く国外に亡命していた大坊主自体が、外来勢力＝国外からの侵入者に他ならなかったのである。

石山合戦時に本願寺の主力となった雑賀衆は、天正三年（一五七五）から本願寺方として参戦したが、必ずしも本願寺に従順ではなかった。信長との和睦に際しても、これに反対・抵抗する者が少なからずいたのだった。法流存続を大義名分とした顕如の開戦及び和睦の呼びかけに盲従したわけではなかったのである。信長に屈した後の、雑賀における主導権争いでは、もはや顕如の説得は意味をなさなかった。

石山合戦では、主体的に参戦したり本願寺に経済的支援をする篤信の門徒も多くいた一方で、自らの生活・権益のために行動する門徒も多くいたのだった。そして、大坂退去後には、顕如は一転して織田・豊臣政権に対し完全に屈服し追従しつつ、門末が権力者間の抗争に関わることを禁ずることになる。

結局、豊臣秀吉の覇権確立過程で雑賀衆は壊滅し、飛騨一揆・伊勢一揆も鎮圧された。この間、本願寺及び地域の有力末寺は、秀吉にひたすら恭順姿勢を貫くことになる。秀吉の九州征圧戦（対島津戦）では、顕如の嫡子教如と側近下間頼廉らが陣中見舞いのために派遣されている。また、秀吉の側でも統一事業の一環として、本願寺と強く結び付くことになった。その後も、奥州・九州では、秀吉に激しく抵抗する一揆が蜂起したが、門末が関わる一向一揆ではなかった。しかし、大坂冬の陣の時点でも、能登では本願寺末寺や住民から人質が取られるなど、警戒対象とされ続けていた。ただし、彼らが往年と同等の兵力を維持していたのかは不明である。

各地で抵抗を続けていた一向一揆が、統一政権の強大な暴力装置の行使により次々に征圧されていった。また、土地支配制度の大改変が進行して行く中で、一揆の主導的立場にあった大坊主や有力門徒は、土地経営を放棄せざるを得なくなった。そして、近世寺檀制度・本末制度確立により、教団は再編され彼らは領主としての立場を喪失する。逆に寺院は、檀家として固定された門徒の志納により、経済的安定を保証されるにいたった。近世統一政権は、近世的宗派秩序を構築するうえで、中世的一揆の解体を課題としていたのである（井上：

一九六八、安藤：二〇一〇）。必然の結果として、秀吉の天下統一後には、一向一揆は消滅することになる。

## 参考文献

愛知県史編さん委員会「特集三河一向一揆」、「特集長島一向一揆」（『愛知県史』資料編11織豊1、二〇〇三年、『愛知県史』通史編3中世2・織豊、二〇一八年）
浅香年木『北陸真宗教団史論　小松本覚寺史』（能登印刷・出版部、一九八三年）
天野忠幸「西摂一向一揆と荒木村重」（『寺内町研究』四号、一九九九年）、「荒木村重と織田政権」（『地域研究いたみ』四〇号、二〇一一年）、「荒木村重の戦いと尼崎城」（尼崎市立地域研究史料館紀要『地域史研究』一一四号、二〇一四年）、『増補版戦国期三好政権の研究』（清文堂出版、二〇一五年）
安城市史編集委員会『新編安城市史』1通史編原始・古代・中世（安城市、二〇〇七年）
安藤弥「一向一揆研究の現状と課題」（新行紀一編『戦国期の真宗と一向一揆』吉川弘文館、二〇一〇年、以下、『戦国期の真宗』と略す）
池享・矢田俊文編『増補改訂版上杉氏年表　為景・謙信・景勝』（高志書院、二〇〇七年）
池上裕子「戦国期北信の武士と上杉氏の支配」（『市誌研究ながの』五号、一九九八年、同著『日本中近世移行期論』校倉書房、二〇一二年に所収）、『織田信長』（吉川弘文館、二〇一二年）
井上鋭夫『一向一揆の研究』（吉川弘文館、一九六八年）
遠藤一「教如と豊臣政権」（同朋大学仏教文化研究所編『教如と東西本願寺』法藏館、二〇一三年、以下、

『教如』と略す)、「九州真宗への水脈」(中川正法・緒方知美・遠藤一編『九州真宗の源流と水脈』法藏館、二〇一四年、以下、『九州真宗』と略す)
大桑斉「石山合戦編年史料をめぐる諸問題」(真宗史料刊行会編『大系真宗史料文書記録編12石山合戦』解説、法藏館、二〇一〇年)
太田光俊「本願寺末寺の位置―小牧・長久手の合戦期の飛騨国から―」(『戦国期の真宗』)
小笠原春香「美濃国郡上安養寺と遠藤氏」(戦国史研究会編『戦国期政治史論集　西国編』岩田書院、二〇一七年、以下、『論集西国編』と略す)
岡村喜史「大坂退出についての教如の動向」(金龍静・木越祐馨編『顕如　信長も恐れた「本願寺」宗主の実像』宮帯出版社、二〇一六年、以下、『顕如』と略す)
岡村利平「石山合戦と飛騨の本願寺門徒(五)」(『飛騨史壇』七巻二号、一九二二年)
勝山市『勝山市史』第2巻原始~近世(勝山市、二〇〇六年)
金沢市史編さん委員会『金沢市史』通史編1原始・古代・中世(金沢市、二〇〇四年)
加能史料編纂委員会『加能史料』XVI(石川県、二〇一八年)
神田千里「戦国期本願寺教団の構造」(『史学雑誌』一〇四―四、一九九五年、同著『一向一揆と戦国社会』吉川弘文館、一九九八年に所収)、『戦争の日本史14一向一揆と石山合戦』(吉川弘文館、二〇〇七年)、「『越州軍記』にみる越前一向一揆」(『東洋大学文学部紀要・史学科篇四四号、二〇一九年)
木越祐馨「はじめに」(『顕如』)、「教如と石山合戦および在国期の北陸」(『教如』)
鍛代敏雄『中世後期の寺社と経済』(思文閣出版、一九九九年)
金龍静『一向一揆論』(吉川弘文館、二〇〇四年)、「顕如直状」(『九州真宗』第三部史料編―北部九州の真宗史料―口絵解説2)

久保田順一「越後北条氏の厩橋支配」（『群馬文化』二〇五号、一九八六年、同著『室町・戦国期上野の地域社会』岩田書院、二〇〇六年に所収）
栗原修「厩橋北条氏の家督交替をめぐって」（『戦国史研究』二六、一九九三年、同著『戦国期上杉氏・武田氏の上野支配』岩田書院、二〇一〇年に所収）
小泉義博『越前一向衆の研究』（法藏館、一九九九年）
小山利明「勅命講和」（『顕如』）
佐藤圭「信長時代の徳山氏と越前」（『若越郷土研究』四〇―三、一九九五年）
柴裕之「織田・上杉開戦への過程と展開―その政治要因の追究―」（『戦国史研究』七五号、二〇一八年）
清水進「石山合戦と濃尾の門徒」（『岐阜史学』九七号、二〇〇一年）
上越市史編さん委員会『上越市史』通史編2中世（上越市、二〇〇四年）
新行紀一『一向一揆の基礎構造―三河一向一揆と松平氏―』（吉川弘文館、一九七五年）
鈴木眞哉『戦国鉄砲・傭兵隊　天下人に逆らった紀州雑賀衆』（平凡社、二〇〇四年）
武内善信「雑賀衆と雑賀一向衆」（『和歌山地方史研究』四六号、二〇〇三年）、「雑賀一揆と雑賀一向一揆」（『大阪真宗史研究会編『真宗教団の構造と地域社会』清文堂出版、二〇〇五年）、「雑賀衆と「石山合戦」」（『顕如』）、以上の三論文は、同著『雑賀一向一揆と紀伊真宗』第五章・第八章（法藏館、二〇一八年）に所収
竹間芳明「本願寺・加賀一揆と上杉謙信―敵対から和睦・同盟への道程―」（『戦国史研究』七九号、二〇二〇年）
谷口克広『織田信長合戦全録　桶狭間から本能寺まで』（中央公論新社、二〇〇二年）、『戦争の日本史13信長の天下布武への道』（吉川弘文館、二〇〇六年）、『信長と消えた家臣たち　失脚・粛正・

謀反』（中央公論新社、二〇〇七年）、『織田信長家臣人名辞典　第2版』（吉川弘文館、二〇一〇年）、『信長と家康—清洲同盟の実体』（学研パブリッシング、二〇一二年）、『信長と将軍義昭　連携から追放、包囲網へ』（中央公論新社、二〇一四年）
谷口研語『飛騨三木一族』（新人物往来社、二〇〇七年）
谷下一夢「本願寺旧蔵の白天目について」（宮崎円遵博士還暦記念会編『真宗史の研究』同朋舎、一九六六年）
富山県『富山県史』通史編Ⅱ中世（富山県、一九八四年）
仁木宏「『二条宴乗記』に見える大坂石山寺内町とその周辺—『石山合戦』開戦時を中心に—」（大阪市立大学文学部紀要『人文研究』四九—六、一九九七年）
播磨良紀「長島一向一揆と尾張」（『愛知県史研究』九号、二〇〇五年）、「織田信長の長島一向一揆攻めと「根切」」（『戦国期の真宗』）
平野明夫「永禄六年・同七年の家康の戦い—三河一向一揆の過程—」（『論集西国編』）
福井県『福井県史』通史編2中世、同3近世一（福井県、一九九四年）
福井市『福井市史』通史編1古代・中世（福井市、一九九七年）
堀新「織田政権論」（『岩波講座日本歴史』10近世1（岩波書店、二〇一四年）
本願寺史料研究所編『増補改訂本願寺史』第一巻（本願寺出版社、二〇一〇年）
本多隆成『定本徳川家康』（吉川弘文館、二〇一〇年）
松浦義則『戦国期越前の領国支配』（戎光祥出版、二〇一七年）
松原信之『越前朝倉一族』（新人物往来社、一九九六年）、同編『朝倉義景のすべて』（新人物往来社、二〇〇三年）

村岡幹生「永禄三河一揆の展開過程―三河一向一揆を見直す―」（『戦国期の真宗』）
吉井克信「大坂本願寺「石山」表現の創出について」（『大谷学報』七三―一、一九九三年）
脇田修『日本近世都市史の研究』（東京大学出版会、一九九四年）

# おわりに

一向一揆とは何か。この設問は簡単なようであるが、容易に結論を出すことができない。教科書的理解からすれば、はじめに触れたように、浄土真宗本願寺派の門徒集団を中心とする一揆であろう。しかし、その門徒集団のあり方は、時代・地域により著しい偏差があったことを提示してきた。本願寺が統制強化を推進し領国化した加賀においてすら、宗主が繰返し徹底することを指示した法義の理解は、不徹底な結果に終わったのだった。

宗教の社会的実態について、今日まで、教えを説く者と説かれる者の思想的完全一致などありえないとする指摘もあるが（安藤：二〇一〇）、石山合戦時に至っても、顕如は加賀に派遣した上使七里頼周に対して、現地での法義の徹底を図り、旗本衆にも丁寧に法義について説法するように指示を下していたのである（『万行寺文書』）。この宗主との際立つ乖離こそが、加賀一揆の実態の一端を示している。

七里頼周と加賀北二郡一揆との対立の際には、顕如は一揆側の言い分を聞き入れることはなかった。そして、頼周が逆心を抱く者として攻撃対象とした旗本鏑木頼信とその与同者を法敵と認定し、加賀四郡に成敗指令を下すことになる。その際には、「鏑木らに誅罰を加え国中が安定することこそが、仏法再興と阿弥陀仏に対する報謝である」との論理を展開したのである（『近江国番方講所蔵文書《おうみのくにばんかたこうしょぞうもんじょ》』）。対織田戦の危機感が高まる中、この論理が功を奏することはなく、結局、新たな同盟者上杉謙信の仲介により、彼らを赦免せざるをえなかったのだった。

　法義自体が、別心衆の粛正すなわち、善知識たる宗主とその上使に対する絶対服従に深く関わるものである以上、一揆の基本原理である一味同心の元で衆議をつくすことは早晩矛盾を来すことになったのである。宗主を頂点とする教団第一主義の法義が、一揆体制を否定する結果を招いたのは、越前一揆の崩壊過程でもみてきた。加賀に限らず各地の門末も、本願寺や各時代の宗主に信服していたとは言い切れないだろう。

　蓮如の時代以来、一向一揆は、各構成員の権益の維持・拡大を基底としていた。そのため、非門徒との連合も容易になったのである。これに関連し、惣村・惣郷（荘）・惣国という村落共同組織・地域的組織は、その内部に門徒組織がはらまれることによって、門徒・非門徒の連合組織として、一向一揆の基盤となったとする見解がある。しかも、「連合」である以上、矛盾・抗争の契機を内包していたと指摘されている（峰岸：一九七六）。石山合戦期に至り、善知識たる宗主を本願寺そのものとし、法流護持を強調する本願寺の方向性に対して、それだけのために門末が戦ったと結論づけることはできない。まして、一向一揆が連合組織であるならば、その中の非門徒が親鸞への報謝や法流護持のために戦う理由はない。

一方、一向一揆構成員において社会変革の論理が全く見られず、本願寺教団の一部として併呑されていくという事実があるとの指摘がなされている。この指摘は、自力救済の惨禍・苦悩からの解放のために、現実の社会をたのむことのない無常の世界ととらえ、死後に浄土に往生する信仰こそ宗教的救済のあり方とする、蓮如の教説に関わるものである。それは、既存の社会秩序のもとで、そのまま生きることを前提としていた。ひいては、現実の身分社会制度を前提とし、宗教的救済者たる宗主を頂点とする本願寺の支配秩序を受け入れ、後生での往生に救いを求めたことに繋がっていたとする（早島：二〇一五）。

無常の現実社会の中でありのままに生きていく思考は、仏教の根幹であると思われるが、結果的に一向一揆構成員のみならず当該期の大多数の人間にとって、自己の欲望を制御する方向には向かわなかったといえよう。それは、本願寺宗主や一家衆・大坊主・坊官らも同様である。

災害・兵乱・飢饉・疫病が続く過酷な戦国時代にあって、ありのままに生きることは、決して現状を諦めることではなく、また、激動の中で自らの権益拡大をめざすことを否定するものではない。

　強大な軍事力を擁する統一政権の前で、抵抗する各地の一揆は次々と征圧されていった。加賀藩主前田利常の回顧録にある幕藩体制初期の加賀北二郡の百姓の反抗は、護法とは無関係であった。この時点で、組織的な一揆による戦いとして確認できるのは、寛永《かんえい》十四年（一六三七）の島原《しまばら》・天草《あまくさ》一揆だけである。その遙か以前に、一向一揆も宗主が禁ずるまでもなく、他の一揆と同様に武力蜂起する余力はなかったのである。

　近世寺檀制度・本末制度確立後も、加賀をはじめ北陸各地では、本願寺の門末は多数を占めていた。しかし、土地支配制度の大改変により、末寺道場は幕藩体制に忠実な本願寺・触頭《ふれがしら》（幕府や藩の寺社奉行と本山・配下の寺院との連絡役となった寺院）の下部機構となっていく。その体制下においては、百姓一揆はもはや一向一揆ではなかった（井上：一九六〇）。

　蓮如以来、権力者と強く結び付き提携しつつ時には対立し、状況次第で門末に軍事動員をかけていた本願寺は、統一政権に屈服して以来、時の権力者に対抗する姿勢は一切捨て去った。むしろ率先してその庇護下に入り、百姓らの反抗を抑圧する側に立っていたのである。百姓の年貢・夫役減免要求は、本願寺とは無関係なものとなっていった。

## 参考文献

青木馨「大坂拘様終結における顕如と教如」（金龍静・木越祐馨編『顕如 信長も恐れた「本願寺」宗主の実像』宮帯出版社、二〇一六年）
安藤弥「一向一揆研究の現状と課題」（新行紀一編『戦国期の真宗と一向一揆』吉川弘文館、二〇一〇年）
井上鋭夫「一向一揆の本質」（伊東多三郎編『国民生活史研究4生活と宗教』吉川弘文館、一九六〇年）
早島有毅「戦国仏教の展開における本願寺証如の歴史的位置」（『体系真宗史料　文書記録編8　天文日記Ⅰ』解説、法藏館、二〇一五年）
峰岸純夫「一向一揆」（『岩波講座日本歴史』8中世4、岩波書店、一九七六年、同著『中世社会の一揆と宗教』東京大学出版会、二〇〇八年に「一向一揆の構造」と改題し所収）

# 年表

| 和暦 | 西暦 | 関連事項 |
|---|---|---|
| 寛正六 | 一四六五 | 三月　大谷の本願寺破却される。金森合戦（金森一揆＝史上最初の一向一揆勃発） |
| 応仁二 | 一四六八 | 三月　堅田大責（山門、近江堅田を襲撃） |
| 文明三 | 一四七一 | 四月　蓮如、越前吉崎に向かう。 |
| 文明六 | 一四七四 | 十月　富樫政親が加賀の本願寺門末の協力を得て、弟富樫幸千代に勝利する。 |
| 文明七 | 一四七五 | 六月　加賀の本願寺門末が蜂起し、富樫政親と戦いに敗れる。<br>八月　蓮如、吉崎を退去する。 |
| 長享二 | 一四八八 | 六月　加賀の一向一揆、富樫政親を滅亡させる。 |
| 明応二 | 一四九三 | 四月　明応の政変（細川政元、十代将軍足利義材を排する） |
| 永正三 | 一五〇六 | 実如、細川政元の求めに応じ、畠山方の誉田城・高屋城攻撃のために加賀門末を動員する。加賀をはじめ各地で、細川方の一揆が蜂起する。<br>八月　越前・加賀一揆、朝倉勢に大敗する。 |
| 永正四 | 一五〇七 | 六月　本願寺と昵懇の細川政元が暗殺される。実如、反細川方の報復を恐れ堅田に避難する。 |
| 永正十八 | 一五二一 | 北陸の一揆勢が、翌々年にかけて長尾為景・畠山義総と戦う。 |
| 享禄四 | 一五三一 | 閏五月　加賀の本願寺一門と超勝寺・本覚寺の戦い開始。<br>七月　加賀の本願寺一門、本願寺の攻撃により没落する。 |
| 天文元 | 一五三二 | 六月　証如、細川晴元の要請に応じ、畠山義堯・三好元長を攻め滅ぼす。<br>七月　奈良の門徒が興福寺・春日神社を襲撃する。 |

| | | |
|---|---|---|
| | | 八月　本願寺、細川晴元と敵対する。山科の本願寺焼失する。 |
| 天文四 | 一五三五 | 十一月　本願寺、細川晴元と和睦する。 |
| 天文五 | 一五三六 | 九月　証如、美濃坊主衆の願いを聞き入れ、対長井規秀（後の斎藤道三）戦のために、美濃の番衆十人を下国させる。 |
| 天文六 | 一五三七 | 七月　美濃多芸一揆おこる。 |
| | | 八月　旧加賀一門方の牢人が加賀に攻め込んだが、これを撃退したという報告が証如にもたらされる。 |
| 天文八 | 一五三九 | 九月　飛驒の三木直綱・照蓮寺・内島氏、美濃郡上郡の畑佐氏を支援し、野田氏・遠藤氏・安養寺と戦い勝利する。 |
| | | 十月　証如、三木氏・畑佐氏から抗議を受け、遠藤氏に味方した安養寺を折檻することを約す。 |
| | | 十一月　証如、内島氏の郡上侵攻に関する近江守護六角定頼の詰問に弁疏する。 |
| 天文十五 | 一五四六 | 九月　加賀江沼郡で反乱が起こる。 |
| | | 十月　金沢御堂が創建され本願寺の加賀統制が強化される。 |
| 天文十七 | 一五四八 | 八月　能美郡山上組旗本徳田縫殿助ら、超勝寺を攻撃する。 |
| 天文二十四 | 一五五五 | 七月　朝倉勢、加賀に侵攻する。 |
| 弘治二 | 一五五六 | 四月　朝倉氏、十三代将軍足利義輝の仲介で、加賀から撤兵する。 |
| 永禄六 | 一五六三 | 三河一向一揆蜂起する。 |
| 永禄七 | 一五六四 | 二月　徳川家康、小豆坂の戦いで一揆を敗る。家康、同年末以降に本宗寺をはじめとする本願寺門末を三河から追放する。 |
| | | 九月　朝倉勢、越後上杉氏との提携のもと、翌年にかけて加賀に侵攻する。 |

| 和暦 | 西暦 | 関連事項 |
|---|---|---|
| 永禄七 | 一五六四 | 十月　顕如、近辺の門末に動員令を発し、遠方の門末に軍費の調達を命じる。 |
| 永禄八 | 一五六五 | 三月　本願寺、武田信玄と同盟を結ぶ。 |
| 永禄九 | 一五六六 | 二月　本願寺筆頭坊官下間頼総、対朝倉戦の指揮官として加賀に下向する。 |
| 永禄十 | 一五六七 | 三月　朝倉氏から離反した堀江景忠と加賀一揆、朝倉勢と戦い敗れる。 |
| 永禄十一 | 一五六八 | 三月　上杉謙信、越中に侵攻。勝興寺顕栄これを金沢御堂に報告する。 |
| 永禄十二 | 一五六九 | 四月　本願寺と朝倉義景との和睦が締結される。<br>八月・一〇月　上杉謙信、越中に侵攻。 |
| 元亀元 | 一五七〇 | 九月　顕如　諸国門末に対織田戦の一揆蜂起を促す。（石山合戦開始）<br>十一月　長島一揆、織田信長の弟信興を攻め殺す。 |
| 元亀二 | 一五七一 | 三月　上杉謙信、越中に侵攻し、越中西部の掃討に乗り出す。<br>五月　織田信長、第一次長島攻撃を行う。<br>十二月　筆頭坊官下間頼総、生害。 |
| 元亀三 | 一五七二 | 五月　杉浦玄任率いる加賀一揆・越中一揆、上杉方の日宮城を攻撃する。翌月、日宮城を陥落させ、神通川渡場で上杉勢を敗り富山に布陣する。<br>八月　上杉謙信、越中に出馬する。 |
| 元亀四（七月に天正に改元） | 一五七三 | 一月　上杉謙信、富山を除く越中東部を征圧する。<br>四月　本願寺の同盟者武田信玄病没する。<br>八月　本願寺の同盟者朝倉義景滅亡する。<br>九月　本願寺の同盟者浅井長政滅亡する。織田信長、第二次長島攻撃を行う。 |

| | | |
|---|---|---|
| 天正二 | 一五七四 | 一月　越前で国中の一揆蜂起する。その後、下間頼照らの坊官が、越前領北部を征圧する。（越前本願寺政権成立）、頼照ら、反抗分子を粛清し、恐怖政治を行い統制を強化する。これに対し、国内の不満・反発が増大し、民心が離れていく。<br>七月　織田信長、第三次長島攻撃を行い、九月に長島一揆を根切（殲滅）にする。 |
| 天正三 | 一五七五 | 五月　本願寺の同盟者武田勝頼、長篠合戦で織田信長・徳川家康連合軍に大敗する。<br>八月　織田信長、越前に再侵攻する。苛酷な一揆殲滅戦が行われる。下間頼照逃走を試みるが、真宗高田派門徒に殺害される。 |
| 天正四 | 一五七六 | 五月　毛利輝元、対織田戦を決意する。越前一揆蜂起する。前田利家、一揆の捕虜千人ほどを磔刑・釜ゆで・火あぶりにする。本願寺・加賀一揆、上杉謙信と和睦するが、その後、本願寺上使七里頼周と加賀北二郡旗本衆・組が激しく対立する。<br>七月　第一次木津川口合戦で、毛利水軍が織田水軍に勝利し、兵粮を本願寺に搬入する。<br>十一月　上杉謙信の仲介で、加賀一揆内の対立解消される。 |
| 天正五 | 一五七七 | 二月　織田信長、雑賀を攻撃する。翌月に雑賀衆は降伏し赦免されるが、その後も、本願寺の主力として対織田戦に参加する。<br>九月　上杉謙信、加賀湊川で織田勢を撃破する。 |
| 天正六 | 一五七八 | 二月　播磨の三木城主別所長治、毛利氏に通じ、織田信長から離反する。<br>三月　上杉謙信、急死する。<br>六月　織田水軍、雑賀水軍を敗る。<br>十月　荒木村重、本願寺に通じ、織田信長から離反する。 |

| 和暦 | 西暦 | 関連事項 |
| --- | --- | --- |
| 天正六 | 一五七八 | 十一月　第二次木津川口合戦で、毛利水軍が織田水軍に惨敗する。 |
| 天正七 | 一五七九 | 九月　荒木村重、戦況の立て直しのために、有岡城から尼崎城に移り、毛利氏・雑賀衆に援軍を要請する。<br>十一月　有岡城が陥落し、翌月荒木村重の一族・郎党が処刑される。 |
| 天正八 | 一五八〇 | 一月　別所長治滅亡、三木城陥落する。<br>閏三月　本願寺、織田信長と和睦する。宗主顕如は大坂から退去するが、嫡子教如は退去を拒み抗戦を継続する。（大坂抱様）<br>四月　織田勢に金沢が攻略される。<br>七月　織田勢に花隈城・尼崎城が攻略される。教如、織田信長と和睦し、翌月大坂から退去する。本願寺焼失する。<br>八月　顕如、加賀一揆に対し、教如の大坂退去を伝え停戦を命ずる。その後も、加賀一揆は山内・越中の境で抗戦し続ける。<br>十一月　若林長門守ら加賀一揆の首領一九人が、討取られる。 |
| 天正九 | 一五八一 | 三月　山内の一揆、二曲城の攻略に失敗する。上杉景勝、小出城攻略に失敗する。 |
| 天正十 | 一五八二 | 三月　山内の一揆が蜂起し鎮圧され、数百人が磔刑となる。織田方、加賀を征圧する。武田勝頼滅亡する。<br>四月　芋川親正率いる一揆、北信濃に侵攻する織田勢に対し蜂起する。康楽寺ら本願寺の有力末寺は、これに参加せず。<br>六月　本能寺の変の翌日に、上杉方の魚津城が落城し、加賀一揆の残党藤丸勝俊・亀田長乗が城将として討死する。 |
| 天正十三 | 一五八五 | 四月　羽柴秀吉の攻撃により、雑賀衆壊滅する。 |

# あとがき

本書は、神田裕理氏のプロデュース（企画・制作）により、一般読者向けに書き下ろしたものである。母校の文学研究科で二年間開講された三鬼清一郎先生の講座でともに御指導を受けた時以来、神田氏には、今日まで貴重な御教示・御助言をいただくなど、大変お世話になっている。

神田氏からは、著述に当たり一向一揆について「一向一揆とは、そもそもどういう闘争なのか」、「地域によって違いがあるのか」、「時代によって、いかなる違いが生じるのか」を三本柱に立てることを要請された。このうち、最初の柱については、なかなか難解で、十分な見解を示せたのか甚だ自信が無い。また、様々な学説を参考にしたが、それを満遍なく紹介することができなかったのは、ひとえに自分の能力不足が原因である。

戦国期の人間が宗教的紐帯により行動していたことは、高校の教科書でも説明されている。しかし、その結び付きは、キリスト教やイスラム教のように日常生活に根ざした深い信仰心に基づくものだったと結論づけることに対しては、強い疑問を抱かざるをえない。今日の我々のように、宗教に対して結構ドライに接していたのではと常に考えている。

周辺の大半の人間が、利害対立を孕みつつも、特定の目的でほぼ一致した行動を取った場合に、その埒外にいることは相当なリスクを伴っただろう。さらに、その目的が自分の権益に通じるものならば、なおさら、別行動を取ることは得策ではない。これが、一向一揆、特に加賀の一向一揆に多くの者が加わった理由であり、昨今盛んに言われている同調圧力に通じるものではなかったかと愚考する。その加賀を支配下に収めた本願寺自身が領主間闘争の当事者になったことは、まさに当該期の武闘による決着＝自力救済を象徴している。絶対他力を旨とする真宗の一派である本願寺と自力救済という現実の問題は、今後、より深く解明していかねばならない課題であろう。

蓮如以来、歴代住持は室町幕府と深い関わりを持っていたが、本書では、足利義昭が京都から追放された元亀四年（一五七三）七月に、室町幕府が滅亡したとする学説を踏襲した。これは高校の教科書にも記述されているが、詳細は、谷口克広氏の『信長と将軍義昭――連携から追放、包囲網へ』「おわりに」（中央公論新社、二〇一四年）を参照されたい。

末尾ながら、本書の刊行に際し、お粗末な内容にも関わらずゴーサインを出していただいた日本史史料研究会代表の生駒哲郎氏、作成過程で多大な協力をいただいた赤城隆治氏に謝意を表したい。

二〇二一年五月

竹間芳明

○お願い

本書で利用した「堅田四方略図、堅田・金森付近略図」（一三頁）、「織田軍の一向一揆攻め要図」（一二〇頁）につき著作権者を探しましたがわかりませんでした。連絡先をご存知の方はぜひ文学通信までご一報お願いいたします。

# 戦国時代と一向一揆

日本史史料研究会ブックス 005

**監修**　日本史史料研究会（にほんし しりょう けんきゅうかい）

2007 年、歴史史料を調査・研究し、その成果を公開する目的で設立。主な事業としては、①定期的な研究会の開催、②専門書籍の刊行、③史料集の刊行を行っている。最近では、一般の方々を対象に歴史講座を開講し、同時に最新の成果を伝えるべく、一般書の刊行も行なっている。会事務所は、東京都練馬区石神井 5-4-16　日本史史料研究会石神井公園研究センター。主な一般向けの編著に『信長研究の最前線』(朝日文庫)、『戦国僧侶列伝』(星海社新書)、監修に『戦国時代の天皇と公家衆たち』、『六波羅探題研究の軌跡　研究史ハンドブック』(文学通信)、「南朝研究の最前線（朝日文庫)、『日本史を学ぶための古文書・古記録訓読法』(吉川弘文館)、『戦国期足利将軍の最前線』(山川出版社)、『関ヶ原大乱、本当の勝者』(朝日新書)、『伝奏と呼ばれた人々』、『家司と呼ばれた人々』(ミネルヴァ書房) など。

**著者**　竹間芳明（たけま　ほうみん）

1959 年生まれ。都立高校教諭。
主な著書・論文に『北陸の戦国時代と一揆』(高志書院、2012 年)、「白山麓国境地域の検討―越境する人々―」(『若越郷土研究』58-1,2013 年)、「「誠照寺文書」信長朱印状の考察」(『北陸史学』66、2017 年)、「本願寺・加賀一揆と上杉謙信―敵対から和睦・提携への道程―」(『戦国史研究』79、2020 年) など。

---

2021（令和 3）年 5 月 25 日　第 1 版第 1 刷発行

ISBN978-4-909658-55-5　C0221


---

**発行所**　株式会社 **文学通信**

〒 114-0001 東京都北区東十条 1-18-1 東十条ビル 1-101
電話 03-5939-9027　Fax 03-5939-9094
メール info@bungaku-report.com
ウェブ https://bungaku-report.com

**発行人**　岡田圭介

**印刷・製本**　モリモト印刷

ご意見・ご感想はこちらからも送れます。上記のQRコードを読み取ってください。

## 文学通信の本

☞全国の書店でご注文いただけます

### 新 神風と悪党の世紀　神国日本の舞台裏
日本史史料研究会ブックス 002

海津一朗［著］

異国襲来と天変地異で、神威高揚はなぜ起こったのか。民衆から中世の風景を再現して動乱の政治史を描き、神の国の勃興する時代の空気を切り取った、名著の大幅増補改訂新版。

ISBN978-4-909658-07-4 ｜新書判・並製・256 頁
定価 : 本体 1,200 円（税別）｜ 2019.01 刊

### 草の根歴史学の未来をどう作るか
――これからの地域史研究のために

黒田 智・吉岡由哲［編］

これからの地域史研究の参考になることを目指すべく、史料撮影、教材研究、教材の作り方、郷土史研究と地域学習、卒論指導に関するコラムも備えた、かつてない日本史論文集。

ISBN978-4-909658-18-0 ｜ A5 判・並製・304 頁
定価 : 本体 2,700 円（税別）｜ 2020.01 刊